Ist Sterben eigentlich für immer?

Gespräche über Sterben und Tod mit Kita-Kindern einfühlsam begleiten

Elke Schlösser

Klett Kita

Impressum

ISBN: 978-3-96046-273-6
Ist Sterben eigentlich für immer?
Gespräche über Sterben und Tod mit Kita-Kindern einfühlsam begleiten

Redaktion	Myriam Bork
Autorin	Elke Schlösser
Gestaltung und Satz	DOPPELPUNKT, Stuttgart
Druck	Grafik Media Produktionsmanagement, Köln

Klett Kita GmbH
Rotebühlstr. 77
70178 Stuttgart
www.klett-kita.de

Bildnachweis

GettyImages
S. 6: shapecharge | S. 9: Portra | S. 10: ma_rish | S. 12: PeopleImages | S. 13: Portra | S. 17: shironosov | S. 23: Photography by Jacqueline Foss/Flickr/Getty Images | S. 27: kosmos111 | S. 28: justhavealook | S. 29: Inna Reznik | S. 31: John Kevin | S. 32: KatarzynaBialasiewicz | S. 34: deepblue4you | S. 36: Terry Vine | S. 39: Sjo | S. 41: kate_sept2004 | S. 42: PeopleImages | S. 43: MoMo Productions | S. 44: shironosov | S. 46: Christina Reichl Photography | S. 49: Ridofranz, Maria Konstantinova | S. 50: Svetlana Krivenceva | S. 52: twpixels | S. 55: izzzy71 | S. 56: Sergio Amiti | S. 58: miniseries | S. 61: Halfpoint Image | S. 62: undefined undefined | S. 64: Catherine McQueen | S. 67: romrodinka | S. 68: Ablozhka | S. 71: Jose Luis Pelaez Inc | S. 75: filo | S. 76: skynesher | S. 79: Tom Werner | S. 80: nitiwa | S. 82: Alex

AdobeStock
S. 18: Cavan Images

Coverbild
GettyImages/Juanmonino

Inhalt

Vorwort **5**

Kapitel 1:
Voraussetzungen in der Kita
Einrichtungsinterne Reflexion **7**
Die Haltung und Rolle der pädagogischen Fachkraft 8
Abgrenzung und Selbstschutz für pädagogische Fachkräfte 9
Persönliche Betroffenheit durch Fehl- und Totgeburten 11
Nichtsituative Thematisierung im Team 13
Individuelle Gesprächsführung 14

Kapitel 2:
Kinder fragen nach Sterben und Tod – ohne durch eine konkrete Situation betroffen zu sein **19**
Die Bedeutung von Fragen zur Endlichkeit im Kindesalter 20
Wie viel können Kinder in den verschiedenen Altersstufen verstehen? 22
Die Bedeutung von Hoffnung 23
Sinnvolle Gespräche mit Kindern über das Thema Sterben und Tod 24
Krieg: Vom Leid der Welt hören 30

Kapitel 3:
Kinder fragen nach Sterben und Tod – im eigenen Bezugsfeld und mit individueller Anteilnahme/Betroffenheit **36**
Gute Begleitung bei eigener Betroffenheit 37
„Papa ist für lange Zeit verreist." Die Wahrheit verschweigen 38
„Das ist nicht wahr!" Leugnung und Verdrängung als kindliche Trauerphase 39
„Das ist gemein!" Wut und Schuldgefühle in der kindlichen Trauer 40
„Das war immer schön mit Opa!" Loslösung als Lebensbejahung 42
„Und dann mussten wir ganz schnell laufen!" Traumatische Kriegserfahrungen bei Kindern 43

Kapitel 4:
Kinder fragen nach Sterben und Tod – und sind selbst mit einer lebensbedrohlichen Erkrankung konfrontiert **47**
Unterstützung bei größter Betroffenheit 48

Kapitel 5:
Der gute Abschied
Wenn wir loslassen müssen **53**
Die würdevolle Bestattung eines Kindes 54
Individuell Abschied nehmen in der Kita 56

Kapitel 6:
Geschichten und Bilder zur Entlastung
Wie Bilderbücher aufklären, helfen und trösten können 59
Die Wichtigkeit von Bilderbüchern 60
Bilderbücher und Geschichten vom Sterben und vom Tod 63

Kapitel 7:
Die Eltern ins Boot holen
Wissen teilen und gemeinsam handeln 69
Wirkungsvolle Gesprächsführung 70
Praxisanregung für einen thematischen Elternabend 73

Kapitel 8:
Thematische Absicherungen in der Kita
Qualitative Standards sichern Verlässlichkeit 77
Die Bedeutung des Teams 78
Die konzeptionelle Verankerung 79
Entlastung durch Vernetzung 82

Literaturtipps 83
Empfehlenswerte Literatur für Pädagog:innen und Eltern 84
Weitere Literaturtipps für Erwachsene 85
Empfehlenswerte Bilderbücher 86
Empfehlenswerte Filme 86

Über die Autorin 87

Vorwort

Wie kann man mit Kindern über Sterben und Tod sprechen? Ein Thema, das einen Grenzbereich menschlichen Erlebens berührt, mit vielen Unsicherheiten und Ängsten (auch für Erwachsene) verbunden ist und gesellschaftlich noch immer zu den sensiblen Themen gehört. Gerade weil die Antworten auf Fragen rund um diese Thematik nicht einfach zu geben sind, lohnt es, sich Zeit zu nehmen und verschiedene Aspekte – mit Bezug auf die besondere Situation der Kindheit – näher zu beleuchten.

Dazu gehört auch die Betrachtung der Voraussetzungen, unter welchen die Thematik in Kitas bearbeitet wird. Wie steht es um die persönliche Position der einzelnen pädagogischen Fachkraft und was ist für Teams wichtig? Auch die Kinder, die nach dem Tod fragen und nach allem, was damit zusammenhängt, werden in den Blick genommen. Sie wollen alles zur Welt Gehörende verstehen. Sie brauchen für alles, was für sie unverständlich ist, Erläuterungen.

Daher sind auch Erklärungen zum Ende des Lebens für sie grundsätzlich interessant. Sie fragen dazu, obwohl keine unmittelbar eigene Betroffenheit besteht. Aber auch Kinder, die betroffen sind, weil sie den Verlust eines Lebewesens (Tier oder Mensch) erlebten, sind mit dem Thema konfrontiert und erhoffen Begleitung. Sie werden somit früher oder später, beiläufig oder intensiv, unberührter oder bewegter, nach den Phänomenen Sterben und Tod fragen. Auch kann ein Kind selbst durch eine lebensbedrohliche Erkrankung betroffen sein. Vielleicht wird es direkt mit dem eigenen Sterben konfrontiert oder indirekt mit der Möglichkeit des Sterbens (z. B. Leukämie-Erkrankung und Behandlung). Es braucht dann besonders sensible Begleitung. Es benötigt ebenso Kontakt und Gespräche. Doch wie begegnet man einem Kind in einer bedrohlichen Situation?

Kommt es dann zu dem Tod eines Menschen, ist die Gestaltung des Abschieds essenziell: Was geschieht mit dem Menschen als tote Person? Wie kann ein Abschiednehmen trösten und gute Erinnerungen nach sich ziehen? Hierzu benötigen Kinder Informationen, und gute Gestaltungsideen geben ihnen ihren Platz bei diesem Prozess.

Ein zu vielen Entwicklungsthemen hilfreiches Medium in der Frühpädagogik sind Bilderbücher. Sie kommen der kindlichen Fantasie und dem Bedürfnis nach Orientierung, Spannung und Unterhaltung entgegen. Die Geschichten helfen, innerpsychische Prozesse positiv zu unterstützen. Sie stärken die kindliche Seele und können auch zum Thema Sterben und Tod die Kinder – und uns Pädagog:innen – bereichern.

Schmerz ist der Preis, den wir für Liebe zahlen. Würden wir nicht lieben, dann wären Verluste nicht so schmerzhaft. Als pädagogische Fachkraft fühlen Sie Verluste der Kinder mit, teilen eventuell ihren Schmerz – insbesondere wenn Sie die Menschen, die die Kinder verlieren, auch kannten. Trotzdem handlungsfähig zu bleiben ist daher das Ziel, das dieses Praxisbuch anstrebt! Es soll dabei helfen, diesem bedeutsamen Thema verantwortungsbewusst zu begegnen und kompetente Wege zu mehr Sicherheit aufzuzeigen.

1

Voraussetzungen in der Kita

Einrichtungsinterne Reflexion

Der Tod ist kein alltägliches Thema, obwohl das Phänomen an sich es durchaus ist. Die Notwendigkeit, über den Tod als Menschheitsphänomen zu sprechen, ist auch in der Kita nicht alltäglich – obwohl dies so sein müsste, angesichts der Tatsache, dass das Sterben und der Tod wie die Geburt zum Leben dazugehören.

Doch wie soll in der Kita solch ein Thema zu den selbstverständlichen gehören, wenn dies in der Gesamtgesellschaft auch noch nicht durchgängig der Fall ist? Wie können Sie als pädagogische Fachkraft Sterben und Tod thematisieren? Und wie können Sie sich gegebenenfalls auch abgrenzen – vor allem in Zeiten eigener Betroffenheit?

Voraussetzungen in der Kita

Die Haltung und Rolle der pädagogischen Fachkraft

Haben Sie auch den Eindruck, dass für viele Menschen das Sterben und der Tod zu den Tabuthemen zählen? Theoretisch *könnte* man darüber sprechen, praktisch wird es allerdings oftmals als schwierig empfunden. Es verunsichert, und das zieht Vermeidung nach sich. Der Tod und das Sterben sind Themen, um die viele Menschen lieber einen großen Bogen machen.

Auch von Ihnen als pädagogischer Fachkraft ist zunächst nicht unbedingt zu erwarten, dass Sie den Gesprächen über das Sterben und den Tod offener gegenüberstehen als andere Menschen. Und doch prägt Sie das Bewusstsein, Kinder stark zu machen und sie altersgerecht an alle Themen heranzuführen, die die große weite Welt zu bieten hat. Ebenso wie Sie die sexuelle Entwicklung der Kinder berücksichtigen, sie gegen Rassismen und Vorurteile stark machen, ihre philosophische und religiöse Sinnsuche wahrnehmen, Partizipation und Demokratie-Erfahrungen ermöglichen und den Kindern bestimmte Werte vermitteln, so werden Sie auch das wichtige Thema des Lebensendes nicht außer Acht lassen wollen.

Wieso sollte man über das Sterben und den Tod reden?

Ganz gleich, welchen Wissensstand Sie persönlich zum Thema haben und wie sicher Sie sich damit zurzeit fühlen: Grundsätzlich ist es immer ein lohnender Prozess, sich privat und beruflich mit Sterben und Tod zu beschäftigen. Nur wenn man sich mit diesem Thema auseinandersetzt und den eigenen damit einhergehenden Umgang reflektiert, kann man achtsam, authentisch und respektvoll handeln und mit den Kindern über den Tod und das Sterben sprechen. Die thematische Beschäftigung stärkt Ihre professionelle Position und bereichert Sie gleichzeitig auch im Privaten. Der private und der berufliche Prozess sind bei diesem Thema nicht wirklich voneinander zu trennen.

Wenn Sie sich offen zur Thematik einstellen, mutig und dazu noch kommunikationsbereit sind, dann werden die Kinder von Ihnen – wie auch Sie von den Kindern – profitieren. Sie können mit den Kindern gemeinsam in den Gesprächen und Aktionen wachsen. Niemand – auch Sie nicht! – muss zum Thema Tod alles wissen, bevor er oder sie berechtigt ist, mit anderen Menschen, sowohl Kindern als auch Erwachsenen, in den Dialog zu treten. Und Sie brauchen die professionelle Auseinandersetzung damit nicht alleine zu leisten. Vielmehr können Sie sowohl in privaten als auch in beruflichen Kontakten vertrauensvolle Gespräche führen, die Ihnen Orientierungen geben und Ihre Gedanken und Gefühle zu Sterben und Tod immer weiter klären helfen.

Selbstreflexion

- Was denken und fühlen Sie nach diesen einleitenden Sätzen zur Thematik?
- Wie würden Sie diese aus eigenen Empfindungen und Erfahrungen ergänzen?
- Sprechen Sie schon über Sterben und Tod, und wenn ja, mit wem? Wie oft?
- Tun Ihnen diese Gespräche dann gut? Wünschen Sie sich mehr Gesprächsgelegenheiten dazu? Mit wem?
- Welche persönlichen Erfahrungen haben Sie bereits mit dem Thema gemacht? Haben Sie selbst Verluste erlebt? (Impuls für sehr vertraute und themenoffene Teams)

Abgrenzung und Selbstschutz für pädagogische Fachkräfte

Auch Pädagog:innen kennen Belastungsgrenzen und müssen sich nicht jederzeit allen Herausforderungen stellen. Sie haben das Recht, Ihre persönliche Bereitschaft und Fähigkeit zum engagierten Kommunizieren zu zeigen. Und ebenso, darauf hinzuweisen, wann Ihnen ein angefragtes oder gar notwendiges Reagieren einmal nicht möglich ist. Ein Reagieren unter Druck, ein Handeln ohne verantwortungsbewusste Vorbereitung ist gerade bei besonderen Themen und Anfragen von Kindern und Eltern, von Kolleg:innen und Kooperationspartner:innen schwierig.

Sie möchten sicherlich gerne Ihre Reaktionen verantworten können, einfühlsam sein, besonnen und auch fachlich klug sprechen. Können wir Menschen das jederzeit, ganz unabhängig von unserer persönlichen Verfassung? Kann man das stets von Ihnen erwarten, ganz gleich, ob Sie selbst sich körperlich, geistig oder seelisch gerade gut fühlen?

Nein, selbstverständlich dürfen Sie sich jederzeit befragen, ob Ihnen gerade heute, gerade jetzt, gerade in der aktuellen Beziehung und Situation ein Gespräch über Sterben und Tod angemessen und qualitativ gut leistbar erscheint.

Akute Situation beachten

Insbesondere wenn Sie persönlich in einer akuten Belastungsphase stecken und Sie das Thema *Sterben und Tod* gerade ganz nah berührt, dann dürfen Sie das äußern und nach Lösungen suchen, die Sie entlasten – sei es, dass

- Sie selbst durch eine Krankheit betroffen sind,
- eine angehörige Person gerade eine besorgniserregende oder bedrohliche Situation durchlebt, die Sie sehr besorgt,
- Sie sich mit einem Themenaspekt zu *Sterben und Tod* fachlich überfordert fühlen oder
- Berichte von betroffenen Kindern und ihren Familien Sie momentan überfordern.

Es kann auch sein, dass Sie gerade anderweitige, themenunabhängige Sorgen haben, die Sie darin einschränken, sich auf andere Menschen zu konzentrieren und einfühlsam zu sein. Sie dürfen dann Bedürfnisse anderer und ihre Anfragen einschränken und auf Ihre persönliche Lage verweisen.

Gut ist, Ihre thematischen und emotionalen Grenzen zum Thema kollegial zu besprechen. So können Sie im Team gemeinsam herausfinden, wer aus dem Team gerade am besten in der Lage ist, auf Kinder oder Familien zu reagieren und der professionellen Notwendigkeit nach Unterstützung und Kooperation zum Thema *Sterben und Tod* angemessen nachzukommen.

Praxistipp

Es bieten sich zum Aufzeigen persönlicher Gesprächsgrenzen folgende beispielhafte Sätze an, die Sie selbstverständlich nach eigenem Empfinden variieren können:

Ein Erzieher zu einem Kind:
„Sabrina, du fragst mich, wann man einen Hund einschläfern lassen muss, wer das macht und wie man das macht. Das macht mich so traurig, weil ich das gerade mit meinem Hund erleben musste. Kann ich dir das ein anderes Mal erklären, wenn ich nicht Sorge habe, gleich darüber wieder sehr zu weinen?"

Eine Erzieherin zu einer Mutter:
„Frau Müller, ich bin – so glaube ich – gerade nicht die beste Gesprächspartnerin für Sie, weil auch mein Vater im Sterben liegt. Es geht mir viel zu nahe, jetzt Ihnen zur Sorge um Ihren Vater zuzuhören. Jedenfalls kann ich es gerade nicht so, wie es richtig wäre. Können Sie bitte meine Kollegin dazu ansprechen? Vielen Dank für Ihr Verständnis!"

Unter Kolleginnen:
„Heute geht es mir nicht gut, ich warte selbst auf ein Untersuchungsergebnis und Frau Wagner möchte wieder über die Krebserkrankung ihres Mannes und die Auswirkungen auf ihr Kind mit uns sprechen. Aber ich schaffe das gerade nicht. Diana, kannst du bitte das Gespräch mit der Mutter von Simon übernehmen? Das würde mich sehr entlasten."

Und unsere Grenzen?

Es ist gut, wenn Sie abseits akuter thematischer Situationen im Team grundsätzlich das Thema „Hier gerate ich bzw. hier geraten wir an unsere Grenzen!" besprechen. Das ist im Sinne der Teamentwicklung eine sehr, sehr gute Vorgehensweise und besonders effektiv, wenn es zurzeit keinerlei besondere Belastungen gibt. Dann bespricht man besonders frei, wie es sich körperlich, geistig und seelisch anfühlt, eine Belastungsgrenze zu erreichen. Diese Formen von Teamgesprächen stärken letztlich unsere Resilienz, weil wir offen sprechen dürfen und uns der kollegialen Unterstützung sicher sein können. Insgesamt macht uns diese Vorgehensweise freier und stärkt Gefühle von innerer Freiheit und Solidarität.

Teamreflexion

Fragen Sie in die Runde:
- Wie fühlt es sich an, wenn du dich geistig überlastet fühlst und nicht mehr gut nachdenken kannst?
- Woran merkst du, dass du körperlich an deine Grenzen kommst?
- Wie fühlt es sich für dich an, wenn du dich gefühlsmäßig überlastet fühlst und Schonung brauchst?
- Was würde dich dabei unterstützen, dich körperlich, geistig oder seelisch wieder entlastet und damit wieder besser zu fühlen?

Persönliche Betroffenheit durch Fehl- und Totgeburten

Menschen, die als Pädagog:innen tätig sind, lieben in der Regel Kinder sehr. Sie betreuen sie, begleiten sie gemeinsam mit den Eltern hinein ins Leben, regen ihre ganzheitliche Entwicklung an und geben ergänzend zur Familie vielfältige frühkindliche Bildungsanregungen.

Pädagogische Fachkräfte entscheiden sich persönlich – wie andere Menschen auch – freiheitlich dafür oder dagegen, eigene Kinder zu haben. Sie hoffen vielleicht darauf, eine eigene Familie zu gründen, ein Kind oder mehrere Kinder zu haben. So sehr Kinderwünsche geplant werden mögen: Nicht immer erfüllt sich ein Kinderwunsch.

Wie wirkt es sich wohl insbesondere auf Pädagog:innen aus, deren Kinderwünsche sich nicht erfüllen oder durch eine Fehl- und Totgeburt jäh beendet werden? Bei Menschen, die selbst tagtäglich mit Kindern anderer Familien zusammen sind? Wie können Teams stützend miteinander umgehen, wenn ein Teammitglied schicksalhaft von Verlust durch Fehl- oder Totgeburt betroffen ist?

Das auslösende Gespräch

Sicherlich ist das Thema der Fehl- und Totgeburten bei Kita-Fachkräften kein alltägliches. Es ist jedoch so bedeutsam, dass ein Ignorieren nicht angemessen ist und eine offene Thematisierung nur helfen kann. Schwangere stehen in der Arbeitswelt unter einem besonderen Schutz. Das gilt vor allem für Beschäftigte in einer Kita – ist das Infektionsrisiko dort durch den engen Kontakt zu kranken Kindern ja besonders hoch. Eine Schwangerschaft ist daher meist schon früh bekannt: eine Gefährdungsbeurteilung muss erfolgen, gegebenenfalls wird ein Beschäftigungsverbot ausgesprochen. Der Verlust eines Kindes bleibt durch das frühe Zurückkommen in den Dienst daher auch nicht versteckt. Bedarf es hier also nicht größerer Aufmerksamkeit? Dies wurde mir in Gesprächen mit der Erzieherin Birgit Kadoglou bewusst. An unserem Austausch möchte ich Sie teilhaben lassen, in der Hoffnung, dass es Ihnen und Ihrem Team in Gesprächen zum Thema Unterstützung gibt und Sie in den Reaktionen auf betroffene Kolleg:innen sicherer macht.

Interview mit Birgit Kadoglou, Erzieherin

Liebe Frau Kadoglou, Sie arbeiten seit vielen Jahren in einer Kinderkrippe mit 90 Kindern und etwa 25 Pädagog:innen. Was beschäftigt Sie besonders im Zusammenhang mit dem Thema der Fehl- und Totgeburten bei Kolleg:innen?

Gespräche mit Eltern gut führen zu können, ist uns pädagogischen Fachkräften wichtig, um Eltern zu stärken. Und doch dachte ich schon oft: „Und wer tröstet eigentlich Erzieher:innen bei Bedarf mit guten und kompetent geführten Gesprächen?" Und da fällt mir eine Dienstbesprechung in unserer Kita ein. Darin kam es zu einem Teamgespräch über eine Mutter, die ein totes Baby austrug und durch eine eingeleitete Geburt zur Welt brachte. Die mit der Mutter in Kontakt stehende Kollegin war wegen dieser Information sehr verunsichert. Sie wusste nicht recht, wie sie auf diese Frau zugehen sollte. Wie geht man mit der Mutter um? Mit der fast dreijährigen Schwester? Wie informiert man die anderen Eltern der Gruppe? Was darf man sagen und was nicht? Und: Wie überwindet man die eigene Unsicherheit bezüglich dieses Themas? Uns fielen schnell Kinderbücher und geeignete Vorgehensweisen ein, das Thema mit den Kindern zu besprechen, trotz unserer sehr großen Betroffenheit und der emotionalen Thematik. Damit fühlten wir uns relativ sicher. Und die Mutter bahnte uns den Weg, gut mit ihr sprechen zu können.

Aber bei diesen Gedanken blieb es nicht – es bewegte Sie vielmehr noch etwas ganz anderes?
Ich dachte auch an die Kolleg:innen, die eine ähnliche Situation persönlich erlebt haben. Während meiner zehnjährigen Tätigkeit in dieser Krippe sind mir einige Fälle bekannt geworden und ich fragte mich: „Wer tröstet diese Erzieher:innen? Und wie macht man das? Was braucht eine betroffene Kollegin oder ein Kollege – denn auch männliche Teammitglieder können ja ein ungeborenes Kind in ihrer Partnerschaft verlieren und entsprechend darunter leiden? Wie könnte eine Leitung, ein Team damit umgehen?"

Was haben Sie denn in Gesprächen mit betroffenen Kolleg:innen erfahren?
Mir fallen Gespräche mit zwei meiner Kolleginnen ein. Es sind zwei sehr unterschiedliche Fälle, so unterschiedlich wie Menschen nur sein können, trotz der traurigen Gemeinsamkeit. Hanna war schwanger, ließ sich krankschreiben und informierte nur ihre engste Gruppenkollegin und die Leitung über ihre Situation: Sie hatte das Kind verloren. Als sie wieder zur Arbeit kam, machte sie jedes Gespräch über das Thema Schwangerschaft traurig. Sie befürchtete, noch mehr zu weinen, wenn alle Kolleg:innen bewusst nachgefragt hätten, wie es ihr persönlich geht. Gespräche wurden vermieden. Rückblickend dachte sie, dass ihr mitfühlende Nachrichten per Handy oder eine handgeschriebene Karte lieb gewesen wären, angenehmer als persönliche Ansprache, aber auch angenehmer als das Schweigen. Ich denke: Es ist die Aufgabe der Einrichtungsleitung, die Kollegin zu fragen, wie sie das Gesamtteam informiert sehen möchte und dies mit ihr gemeinsam nach ihren Wünschen umzusetzen.

Und die andere Kollegin?
Sabine durchlebte zweimal diese so schmerzhafte Situation. Nach ihrer Rückkehr in die Kita war es ihr sehr wichtig, aktiv darüber reden zu können. Stumme und mitleidige Blicke verletzten sie eher, so sagte sie. Eine Leitung informierte mit ihrer Zustimmung die anderen Leitungen der Häuser unseres Trägers, wo Sabine hausübergreifend tätig war. Blumen und Grüße vom Chef konnte Sabine dankend annehmen, als sie noch zu Hause war, auch wenn da die Tränen wieder liefen. Für sie war es sehr wichtig, mit anderen über ihr Erlebtes sprechen zu können. In einem festen Team hätte sie sich das auch so gewünscht.

War es den Kolleginnen heute (anlässlich unseres Interviews) möglich, mit Ihnen frei darüber zu sprechen?
Beide Kolleginnen sind heute Mütter von Söhnen und können unbeschwert über das Thema sprechen. Wie geht es aber wohl Kolleg:innen, die nicht aufgefangen werden, die später nicht noch glücklich sein können über eigene Kinder? Und nicht zuletzt: Wie können wir uns besser darauf vorbereiten, konstruktiv und entlastend zu sprechen, wenn es wieder einmal so vorkommt? Da könnten wir noch gute Hinweise gebrauchen!

Nichtsituative Thematisierung im Team

Grundsätzlich gilt, dass schwierige und emotional belastende Themen stets besser besprochen werden können, wenn wir davon nicht in einer akuten Situation überrascht werden. Ich rege an, das Thema unbedingt einmal ohne aktuelle Bedarfslage zum Teamthema zu machen. Das Interview in diesem Kapitel kann beispielsweise als Einleitung in solche Gespräche verwendet werden. Nach einer Einführung können Sie mit einem Brainstorming zu gewünschten Vorgehensweisen starten. Befragen Sie alle Teammitglieder danach, welche Reaktionen, welche Zuwendung und Aufmerksamkeit Menschen sich wohl wünschen würden, falls sie schwanger waren und ein Kind durch Fehl- oder Totgeburt verloren hätten. Dies ist zunächst eine generalisierende, also verallgemeinernde Frage.

Selbstverständlich werden feinfühlig auch Kolleg:innen, die früher einmal persönlich eine Verlustsituation erlebten, einbezogen. Sie wissen gut, was sie gebraucht hätten und was nicht. Sie können (wenn sie es mögen) dazu gut beraten. Ihre Vorschläge werden ebenso notiert, wodurch man vom Generalisieren ins Individualisieren übergeht. Wichtig ist, dass für niemanden ein situativer Druck besteht. Kündigen Sie das Thema daher auch bitte frühzeitig vor der Teamsitzung an, um zu vermeiden, dass sich Kolleg:innen überfahren fühlen.

Alle beteiligen

In der Teamsitzung können *alle* Teammitglieder nach potenziellen persönlichen Wünschen gefragt werden: „Was würdest *du* für *dich* wollen, wenn du dich in die Lage versetzt, ein Kind zu verlieren, bevor es geboren wird? Was wäre dir wichtig?" Ratsam ist, die Impulse sensibel zu diskutieren, eventuell beispielhaft (ohne Namen) in einem Gesprächsprotokoll zu fixieren und zu verwahren.

In der konkreten Situation kann sich die betroffene Person natürlich auch ganz anders fühlen und andere Umgangsweisen als hilfreich empfinden. Außerdem ist bekannt, dass Menschen bei Verlusten sehr unterschiedliche Trauerphasen (Phasen des Erschreckens, Nicht-wahrhaben-Wollens, der Verzweiflung oder Wut, der Resignation, der Depression, des Akzeptierens und Mut-Fassens etc.) durchleben. In den verschiedenen Gefühlslagen wird dann durchaus Unterschiedliches als hilfreich empfunden. Ein Teil des wünschenswerten Umgangs ist also nicht voraussehbar. Jedoch sind Vorüberlegungen nützlich, denn das Bewusstsein für die mögliche Problematik wird geweckt und Teams werden dafür sensibilisiert.

Sensibel nachfragen

Bei einem Gespräch über die Thematik ist auch behutsam über geplante oder ungeplante Schwangerschaften zu sprechen. Ungeplante Schwangerschaften können sehr widerstrebende Gefühle auslösen. Ungeplante Kinder können selbstverständlich nach einem inneren Klärungsprozess sehr wohl gewollte Kinder werden. Es kann auch ein Zwiespalt vorgelegen haben: Will ich das Kind überhaupt oder nicht? Endet die Schwangerschaft dann ohne Einflussnahme (also ohne selbst entschiedenen Schwangerschaftsabbruch), so bleiben vielleicht doch verunsichernde Gefühle zurück. Hat dann ein Teammitglied erkennbaren Gesprächsbedarf?

Individuelle Gesprächsführung

Die Gefühle bei geplanten, manchmal sogar lang ersehnten Schwangerschaften (manchmal nach langer Zeit des Bemühens, überhaupt schwanger zu werden), die vorzeitig enden, können sehr belastend sein. In all diesen Situationen ist Feinfühligkeit, gepaart mit dem offenen Gesprächsangebot, unabdingbar. Sie können zum Beispiel so fragen:

- Was liegt dir nach deinen enttäuschenden Erfahrungen in den letzten Wochen noch auf der Seele?
- Gibt es etwas, das dich sehr beschäftigt und belastet, was sich vielleicht auch auf deine pädagogische Arbeit auswirkt?
- Möchtest du über etwas reden? Es ist für mich sehr in Ordnung, wenn du Gedanken oder Gefühle, die dich belasten, aussprechen möchtest.
- Ich weiß zwar nicht, ob dir Gespräche gut tun würden. Ich stelle es mir für mich als hilfreich vor. Daher biete ich dir an, mich ruhig anzusprechen, wenn es dir gut tut.

Auch Sprachlosigkeit kann durchaus ausgedrückt werden: „Ich weiß nicht, was ich dir sagen soll. Ich bin ratlos, wie ich auf dich reagieren soll." Formuliert man dies so, dann hat man ja bereits *etwas gesagt*. Die betreffende Person bleibt so nicht ohne Ansprache und kann die gute Absicht, in den Kontakt zu gehen, spüren. Sie kann mitbestimmen, was sie braucht, es sagen oder signalisieren, zum Beispiel wenn ihr eine Umarmung gut tun würde.

Neben Gesprächen und Umarmungen können Sie auch kurze Rückzugsmomente ins Teamzimmer oder in den Garten anbieten: „Du kannst jederzeit sagen: *Ich brauche einmal kurz fünf Minuten für mich*". Auch die Frage, ob die Person jemanden zur Unterstützung hat oder lieber mit einem eng verbundenen Teammitglied sprechen möchte, ist erlaubt.

Praxisbeispiel

Erzieherin Olivia verliert ihre Zwillinge in der neunten Schwangerschaftswoche. Als sie wieder arbeiten geht, fragen sie einige Kolleginnen, wie es ihr gehe. Olivia kommt es so vor, als würden die Kolleginnen dabei ihr persönliches Schicksal von der Tatsache trennen, dass sie selbst so eng mit Kindern arbeitet. Niemand fragt sie, ob sie eine andere Form von Trauer empfindet als jemand, der eine nichtpädagogische Arbeit verrichtet. Für Olivia ist die Arbeit in der Krippe eine beständige Erinnerung an die Tatsache, ihre Kinder verloren zu haben – insbesondere weil sie auch ein Zwillingspaar betreut. Ihre Kolleginnen empfindet sie als vermeidend. Bestimmt wollen sie nichts Falsches sagen. Aber über das Angebot der Leitungskräfte, jederzeit für ein Gespräch bereit zu stehen, freut sie sich sehr.

Die Brückenfunktion der Leitungskräfte

Manchen Kolleg:innen hilft eine offene Aussprache im ganzen Team. Damit werden alle zur gleichen Zeit informiert und es können Verhaltensabsprachen für die nächsten Tage und Wochen getroffen werden. Hier nehmen Leitungskräfte eine Brückenfunktion ein, indem sie die Gesprächsführung zur Unterstützung der betreffenden Kolleg:innen übernehmen, den Gesprächsverlauf aufmerksam gestalten und ihn auch schließen, damit das Thema nicht unnötig lange besprochen wird (so kurz wie möglich, so lange wie nötig).

Sternkinderbestattungen

Und was geschieht mit den Föten? Darf man Früh-, Fehl- und Totgeburten bestatten? Wie sind dafür die (gesetzlichen) Regelungen? Und wenn es das gibt: Was wünschen sich die betroffenen Eltern? Wie reagieren sie in Bezug auf diese Frage? Was kann überhaupt in der Beziehung getan werden? Und wie hilfreich könnte es sein, wenn wir in Teams dazu mehr wüssten und uns gegenseitig und betroffenen Eltern sachkundige Information und Orientierung geben könnten?

Diese Fragen veranlassten mich zu einem Gespräch mit Schwester Martina Kohler, Pastoralreferentin der katholischen Kirche in Eschweiler und mit einer Bestatterin, denn auch bei mir bestand Unwissenheit zu diesen Fragen.

Praxisbeispiel

Seit 2015 werden auf Initiative einer engagierten Mitarbeiterin der kirchlichen Friedhofsverwaltung Eschweiler Sternenkinder auf einem Frühchen-Feld gemeinsam bestattet. Einmal im Vierteljahr, zu einem Zeitpunkt, wo die Trauer über den Verlust noch hoch ist und das Ritual helfen kann, den Schmerz zu lindern und bewusst Abschied zu nehmen, finden die ökumenischen Frühchen-Bestattungen statt.

Viele Familien wissen nicht, dass es für tote Kinder mit einem Gewicht von unter 500 Gramm keine Bestattungspflicht gibt. Jedoch legt das deutsche Grundgesetz fest, dass auch ein fehlgeborenes Kind in würdevoller Weise behandelt werden muss. So werden die Kinder in der Pathologie benachbarter Krankenhäuser aufbewahrt und auf Wunsch der Eltern in das Bestattungsritual aufgenommen. Die Bestattungstermine liegen pro Jahr im Voraus fest. 30 bis 35 Fehl- und Frühgeburten werden meist dann bestattet.

Nicht alle Eltern nehmen das Angebot an. Diejenigen, die es bewusst annehmen, empfinden es als wohltuend, einen würdevollen Abschied erleben zu dürfen. Sie können das Kästchen, welches als Sargersatz (wegen der geringen Größe der Kinder) dient, selbst gestalten, müssen dies aber nicht tun, wenn sie nicht mögen. Auch Geschwisterkinder können dabei mitwirken, was ihnen gut tut, wenn ihnen der Verlust des zu erwartenden Kindes bereits bewusst war und sie sich auf ein Geschwisterchen freuten.

Im Rahmen der kleinen Bestattungsfeier in der Friedhofskapelle werden gegebenenfalls die Namen der Kinder genannt und es kann ein Stein bemalt und beschriftet werden. Die Kapelle wird von einem Beerdigungsinstitut sehr liebevoll geschmückt, der Würde ist in jedem Schritt also Rechnung getragen. Die Erdbestattung geschieht in der Erde vor einem gepflasterten Sternenfeld, auf dem Blumen und andere Grußformen abgelegt werden können.

Interview mit Elke Hartje, Bestatterin aus Bonn

Liebe Frau Hartje, wie sieht die Rechtslage zur Bestattung von Tot- und Fehlgeburten aus?

Man spricht im Bestattungsgesetz von einer *Totgeburt*, wenn sich nach der Abscheidung vom Mutterleib keine Lebenszeichen (Herzschlag, Pulsieren der Nabelschnur, Lungenatmung) gezeigt haben, das Gewicht der Leibesfrucht jedoch mindestens 500 Gramm beträgt. Von einer *Fehlgeburt* spricht man, wenn sich keines der Merkmale des Lebens gezeigt hat und das Gewicht der Leibesfrucht weniger als 500 Gramm beträgt.

Im Falle einer Fehlgeburt vor der 26. Schwangerschaftswoche wird keine Geburts- oder Sterbeurkunde ausgestellt. Allerdings kann vom entbindenden Krankenhaus eine *Entbindungsbescheinigung* für das persönliche Stammbuch ausgestellt werden.

Was passiert nach einer Tot- oder Fehlgeburt?

Das Marienhospital in Bonn gibt zum Beispiel alle Fehl- und Totgeburten in ein pathologisches Institut. Sie werden dort für ein halbes Jahr aufbewahrt. Jeweils am ersten Montag im März und am dritten Montag im September eines Jahres findet für die *Sternenkinder* – so der wertschätzende Begriff für diese Kinder, der sich eingebürgert hat – eine ökumenische Trauerfeier und die Beisetzung auf dem Nordfriedhof in Bonn statt. Alle Föten werden zusammen in *einem* Sarg an einer bestimmten Stelle beerdigt – jedoch ohne Namensnennung. Das sogenannte *Sterntalerfeld* wird vom Hospital finanziert. 60 bis 100 Fehl- bzw. Totgeburten werden dort so pro Halbjahr gewürdigt. Die Eltern werden vorab eingeladen, doch nur recht wenige nehmen dieses Angebot wahr. Was wohl hierfür die Gründe sind? Ist manchmal das Vergessen leichter als die Erinnerung?

Und welche Eltern kommen dann dennoch?

Die Eltern, die dennoch kommen, benötigen den Abschied und sie sind es wert, diese Form weiterhin anzubieten. Es sind vermutlich eher Eltern, die ihr Kind spät in der Schwangerschaft verloren haben. Sie nahmen ihr Kind bereits als Person wahr und hatten für das Baby einen bestimmten Platz in der Familie vorgesehen.

Können auch Geschwisterkinder an den Bestattungen teilnehmen?

Geschwisterkinder können zu allen Formen von Bestattungen mitkommen, wenn sie altersgerecht vorbereitet sind. Sie brauchen einfühlsame Erklärungen. Wussten sie bereits um das neu zu erwartende Geschwisterchen, dann brauchen sie auch Abschiedsrituale – zum Beispiel im Rahmen der Beerdigung oder anderer Art. Hier gilt es, die Wünsche der Kinder sensibel zu berücksichtigen.

1

Kontakte zur Elternschaft

War eine Schwangerschaft den Kita-Eltern noch nicht bekannt, so entscheidet die betreffende Kollegin eigenständig, ob sie überhaupt eine entsprechende Information geben möchte. Dies ist selbstverständlich nicht zwingend nötig.

War es bereits bekannt, so muss unbedingt mit der betreffenden Person vereinbart werden, wie sie sich eine Informationsweitergabe an die Familien wünscht: Möchte sie eigeninitiativ eine Information geben? Auf welchem Wege (mündlich/schriftlich)? Oder wäre es ihr lieber, dass die Leitung dies übernimmt? Und wenn ja: in welcher Form? Wie wünscht sie sich die Reaktionen ihrer Kolleg:innen den Eltern gegenüber? Diese Aspekte offen und wertschätzend zu besprechen, ist dringend erforderlich.

Ausgleich für die Kinder

Auch folgende Frage steht im Raum: Wie ist mit den Kindern zu sprechen, wenn sie bereits wissen, dass die Erzieherin ein Kind erwartete? Fragen die Kinder eigeninitiativ nach dem Baby? Wen fragen sie?

Klären Sie im Team, ob die Kollegin selbst mit den Kindern darüber sprechen möchte oder ein anderes Teammitglied das übernimmt und auf welche Art und Weise das passiert. Vielleicht ergibt sich ein kleines wertschätzendes Ritual, um gemeinsame Traurigkeit zu zeigen und sich nicht hilflos zu fühlen. Zum Beispiel eine Kerzenzeremonie, ein gemeinschaftlich gemaltes Trostbild, ein bemalter Stein mit Hoffnungswünschen oder eine schön gestaltete Grußkarte.

Es kann sein, dass einzelne Kinder erinnern, dass auch sie ein Geschwisterchen aufgrund einer Fehlgeburt nicht bekamen. Da können Gefühle aufbrechen und familiäre Situationen geschildert werden, die ein ausgleichendes Gespräch brauchen. Hierauf sollten sich alle Kolleg:innen durch beratenden Austausch einstellen können. Unsicherheit weicht so weitaus eher als durch Ignorieren.

Praxistipp

Das Thema ohne konkrete Bedarfslage durchzusprechen, macht Teams stark dafür, wenn entsprechende Situationen eintreten. Vorbereitung tut gut. Sich vor Augen zu führen, dass die Folge solcher Verluste Trauer ist und Trauerprozesse eine gewisse Zeit dauern, hilft beim sensiblen Verstehen der Kolleg:innen. Teams mit einem hohen Verunsicherungsgrad oder hoher Betroffenheit innerhalb kurzer Zeit profitieren sicherlich auch von externer Gesprächsmoderation durch Supervisor:innen. Und Hinweise auf die Vermittlung von professioneller Hilfe (Selbsthilfe-Gruppen/therapeutische Gespräche) können für Betroffene sehr wichtig sein.

Kinder fragen nach Sterben und Tod –

ohne durch eine konkrete Situation betroffen zu sein

Bei keinem einzigen Kind wird es bis ins Schulalter hinein dauern, bis es bemerken muss, dass das Leben eines jeden Lebewesens, jedes Menschen mit dem Tod endet. Selbst wenn das Kind kein persönliches nahes Erlebnis dazu hat, wird es die Tatsache – mehr oder weniger intensiv – beschäftigen. Sterben und Tod als Lebensthemen zu begreifen und sich den Gesprächen hierüber nicht zu entziehen, das ist dann die pädagogische Herausforderung, der wir uns stellen wollen.

Kinder fragen nach Sterben und Tod – ohne durch eine konkrete Situation betroffen zu sein

Die Bedeutung von Fragen zur Endlichkeit im Kindesalter

Kinder leben in einer Welt, in der sie zunächst aufgrund ihrer körperlichen, geistigen und seelischen Entwicklung viele Dinge noch nicht wissen und viele Zusammenhänge noch nicht überblicken können. Sie unterliegen einer natürlichen kindlichen „Unreife". Der Mensch versucht sein ganzes Leben lang – mit steigenden Fähigkeiten –, diesen Mangel auszugleichen. Dabei gelingt es niemandem, absolutes Wissen und völliges Verständnis über sämtliche Zusammenhänge der Welt und des Lebens zu erlangen. Die menschliche Lernfähigkeit und die geistig-seelische Reifung ermöglichen jedoch, sich immer mehr Wissen und individuelle Weisheit anzueignen. Die Fähigkeit zur Reflexion über das Thema des Sterbens und des Todes ist dem Menschen als Last und als Chance zugleich mitgegeben. Und so fragen schon recht junge Kinder danach.

Kindliche Unbefangenheit

Fragen zu stellen ist das Mittel, um im lebenslangen Prozess des Wissens- und Reifeerwerbs voranzukommen. Und ebenso wie Kinder wissen wollen, warum es regnet, wohin die Sonne am Abend geht und warum ein schweres Schiff schwimmt, so wollen sie auch irgendwann etwas über das Sterben und den Tod wissen. Für Kinder ist das Thema des Sterbens und des Todes meist so unspektakulär, wie wir Erwachsenen es uns (nicht mehr) vorstellen können. Solange ein Kind keinen persönlichen Verlust erlebt, hat es vermutlich keinen besonderen Leidensdruck. Gleichzeitig kann es, wenn es jung ist, die Dimension von Leid im Sterben und in Trauer durch Todesverlust noch nicht gänzlich erfassen.

Praxistipp

Achten Sie in der nächsten Woche ganz besonders auf alle Kinderfragen. Schreiben Sie sie auf ein Blatt Papier und finden Sie konkret heraus, zu welchen Themen die Kinder Fragen haben. Spiegeln Sie dieses Ergebnis im Team und regen Sie dadurch an, dass alle Teammitglieder aufmerksamer auf kindliche Antwortbedürfnisse achten. Markieren Sie sich insbesondere, wenn Ihnen oder den Kolleg:innen Fragen zu Sterben und Tod oder auch weiteren Sinnfragen auffallen.

Selbstreflexion

1. Welche Themen können Sie mit Kindern gut, locker und kompetent besprechen?
2. Welche Kinderfragen machen Sie unsicher? Meiden Sie dann, den Kindern zu antworten? Vertrösten Sie sie?
3. Was würde Ihnen aus der Unsicherheit heraushelfen?

Frag mich lieber nicht!

Da es sich beim Tod auch für Erwachsene um ein besonderes und sensibles Thema handelt, besteht die Gefahr, dass wir zu diesem Thema unbewusst eine „Frag mich das lieber nicht"-Haltung einnehmen und diese auch ausstrahlen. Kinder spüren mit ihren feinfühligen Antennen, wenn wir einem Thema lieber ausweichen möchten, weil wir uns damit unwohl, unsicher, befangen oder geängstigt fühlen. Dadurch kann es sein, dass die Kinder ihr natürliches Frageverhalten und ihre Neugier zu diesem Thema einstellen – um uns Erwachsene zu „schonen". Daher sollten wir stets unser eigenes Handeln und unseren Umgang mit Kinderfragen reflektieren.

Ich mach mir die Welt ...

Selten machen wir uns im Alltag klar, dass Kinder sich auch über jede noch so beiläufige Erklärung wie auch über jede noch so ausführliche Antwort in aller Stille ihr eigenes Weltbild zusammensetzen. Kinder beobachten uns und ziehen ihre Rückschlüsse, sehen uns handeln, hören uns reden und kommen zu dem Fazit: So ist also die Welt!

Je nachdem, wie wir handeln und was wir sagen, entsteht ein bestimmtes kindliches Weltbild – mit entmutigenden oder ermutigenden Botschaften und mit dem Eindruck, die Welt ist ein „guter Platz" oder ein „gefährlicher Ort" (oder aber auch irgendetwas Unsicheres dazwischen).

Alles fragen dürfen

Kinder glauben oft dem persönlichen Verhalten der von ihnen beobachteten Erwachsenen mehr als ihren Worten. Jedes Wort ist eine Antwort. Ebenso wie jedes Lächeln, jedes Zunicken, jede Umarmung, jedes Stirnrunzeln, jedes Nichtbeachten und Über-Fragen-Hinweggehen. Alles ist *Antwort* – daraus wird die Verantwortung für unser tagtägliches Verhalten den Kindern gegenüber deutlich.

Dabei gilt es, insbesondere bei allen grundsätzlichen Lebensfragen ehrlich und authentisch zu antworten bzw. sich zu verhalten. Fragende Kinder brauchen unsererseits eine wohlwollende Haltung, die ihnen zeigt, dass es keine *dummen* oder *unwichtigen* Fragen gibt – weder bei Kindern noch bei Erwachsenen –, sondern dass der Mensch fragen *muss*, um sich selbst, das Leben und die Welt um sich herum zu begreifen.

Praxistipp

Erlauben Sie sich folgende Haltung: Erziehende müssen nicht auf alle Fragen eine vollständige und korrekte Antwort wissen. Sagen Sie einem fragenden Kind, dass Sie über seine besondere Frage erst nachdenken müssen. Dass Sie dann wieder auf das Kind zukommen werden. Halten Sie dieses Versprechen unbedingt ein, um glaubwürdig zu bleiben. Sagen Sie dem Kind, dass es sein kann, dass sich auch Erwachsene bei bestimmten Fragen nicht sicher fühlen. Manche Antworten lassen sich gemeinsam herausfinden. Bieten Sie gegebenenfalls dem Kind die gemeinsame Suche nach Antworten an. Das ist insbesondere bei wichtigen Lebensfragen gut und für die Fachkraft-Kind-Beziehung sehr bereichernd.

Wie viel können Kinder in den verschiedenen Altersstufen verstehen?

Junge Kinder unter 3 Jahren können sich unter dem Begriff *Tod* noch nichts vorstellen, der Tod ist noch nicht begreifbar. Vielmehr verbinden sie mit dem Tod eine Abwesenheit auf Zeit. Kleinkinder reagieren aber sehr wohl auf die mit dem Tod einhergehenden Veränderungen, zum Beispiel durch Erspüren des emotional veränderten Klimas zu Hause. Heftige Gefühlsreaktionen wichtiger Bezugspersonen können die sichere Welt des Kindes durcheinanderbringen. Sehr kleine Kinder können mit Wut, Frustration und Reizbarkeit, Abweichungen im Schrei- und Essverhalten, Blasen- und Darmstörungen reagieren. Sie haben vor allem die Furcht, verlassen zu werden.

Tot – oder nur ein bisschen weniger lebendig

Kinder ab 3 Jahren entwickeln erste vage Vorstellungen vom Tod und glauben oft nicht, dass dieser endgültig ist. Für sie ist das Tot-Sein manchmal einfach nur ein Ein-bisschen-weniger-lebendig-Sein: Sie sehen eventuell Zeichentrickfiguren, die durch Explosionen hundertfach zerreißen und bald danach unverändert weiterlaufen. In dieser Altersstufe halten die Kinder den Tod für etwas Zufälliges, das nicht alle Menschen betrifft. Der Tod durch Autos betrifft nur die anderen, Gewalt kommt nur in den Nachrichten vor und Krankheiten, von denen sie noch nie gehört haben, treffen auf sie nicht zu. Sie können den Bezug zur eigenen Person noch nicht herstellen – anderes weckt bei ihnen genau das umgekehrte Gefühl, nämlich das von Bedrohung und Abwendung von Bedrohung, die nicht realistisch ist:

„Kind, pass auf, geh nicht in die kalte Pfütze, du holst dir sonst noch den Tod!", hört Tobias seine Oma sagen. Der unbewusste Rückschluss des Kindes: „Wenn ich nur gut aufpasse und keine nassen Füße bekomme, dann lebe ich mit etwas Glück ewig."

Kinder bis etwa 3 Jahre fragen eher wenig, ältere Kinder beginnen jedoch die Dimension des Themas zu erkennen. Sie fragen häufiger, oft zigmal dasselbe, um sicher zu gehen, dass die hundertste Antwort immer noch dieselbe ist wie die erste.

Sinnvolle und magische Ängste

Etwa ab dem 5. Lebensjahr haben die Kinder eine gewisse Klarheit darüber, was der Tod ist, dass er jedem Menschen bevorsteht und dass er Endgültigkeit besitzt. Kinder in dieser Entwicklungsphase denken noch magisch. Sie beschäftigen sich oft mit Vorstellungen von Gespenstern und Geistern. Sie erleben sich dabei als schwankend zwischen Angst und Faszination. Sie beginnen nun jedoch, sachliche Erklärungen besser zu begreifen.

Mit Kinderängsten umgehen

In der der Entwicklungsphase des sogenannten magischen Denkens fehlt den Kindern noch das Ursache-Wirkungs-Denken, also das analytische Denken, und sie ersetzen dieses durch Fantasie. Oft hilft das – es kann aber auch Ängste auslösen. Sie können den Kindern helfen, besser mit ihren Ängsten umzugehen. Vermitteln Sie: „Angst ist kein Feind, Angst ist nicht böse. Sie kann ein Freund sein. Sie schützt dich, weil du durch sie vorsichtig bist, wenn es wichtig ist. Deshalb ist sie sogar lebenswichtig. Wird deine Angst zu groß, dann suche dir einen lieben Menschen, mit dem du über deine Angst sprechen kannst. Alle Menschen haben immer wieder einmal Angst, große wie kleine Menschen. Das ist ganz normal. Wichtig ist zu bemerken, wann eine Angst richtig und gut ist und wann sie gar nicht nötig ist. Wenn du nicht weißt, ob deine Angst eine richtige und eine nötige ist, dann sprich darüber!"

Die Bedeutung von Hoffnung

Kinder und Erwachsene brauchen für ein gutes Leben Hoffnung. Zu hoffen ist ein urmenschliches Phänomen. Es ist die Fähigkeit, sich eine verbesserte Situation zum derzeitigen Zustand vorstellen zu können. Hoffnung weist auf einen tiefgreifenden Verbesserungsglauben hin. Sie ist ein Aspekt der Resilienz, der innerpsychischen Widerstandskraft des Menschen. Hoffnung bezieht sich ebenso auf kleine und große Wunscherfüllung wie auch auf bedeutsame Lebensfragen. Menschen ist seit Jahrtausenden die Hoffnung auf eine Bedeutung von Sterben und Tod wichtig.

Selbstreflexion

- Wissen Sie in der Regel, was Sie hoffen?
- Was erfüllt Sie mit Hoffnung: Die Natur? Die Kunst? Die Wissenschaft? Die Religion?
- Wenn Sie von jemandes unheilbarer Krankheit wissen: Machen Sie ihm dann trotzdem (falsche) Hoffnungen?
- Was erwarten Sie im umgekehrten Fall?
- Hoffen Sie auf ein Jenseits?

In jeder Religion gibt es Vorstellungen über den Sinn und Vorgang des Sterbens und die Hoffnung auf ein Leben nach dem Tod. Religionen unterscheiden sich durch die Interpretationen von Ewigkeit beziehungsweise *ewigem Leben*. Kindern ist ein umfassendes Recht auf Hoffnung zuzugestehen. Das ist ein pädagogisches Gebot.

Philosophieren mit Gedichten

Hoffnungsbilder für Kinder zu finden, wirkt auf Sie eventuell nicht ganz so einfach. Manchmal ist es jedoch gar nicht so schwer, wie Sie anfangs vermuten. Kinder philosophieren ja gerne. Und dazu können auch Gedichte anregen.

Der berühmte Kinderlyriker Josef Guggenmos schrieb einmal ein Gedicht, das hervorragend geeignet ist, mit Kindern über die offene Frage am Ende des Gedichtes zu philosophieren. Wie werden sie diese wohl beantworten: Alltagsbezogen? Philosophisch? Religiös? Ein weiteres Gedicht der Lyrikerin Rose Ausländer führt noch tiefer ins Philosophieren.

Aber ich weiß

War ich ein Falter
vor meiner Geburt,
ein Baum oder Stern?
Ich habe es vergessen.
Aber ich weiß,
dass ich da war
und sein werde.

Rose Ausländer

Traum

Ich stieg, stieg Stufen,
viele Stufen hinauf …
Wer wartete oben?

Josef Guggenmos

(In: Gelberg, Hans-Joachim (1993) (Hrsg.): *Was für ein Glück*. Weinheim/Basel: Verlag Beltz & Gelberg. S. 166, 279.)

Sinnvolle Gespräche mit Kindern über das Thema *Sterben und Tod*

Kinder sind geborene Philosoph:innen. Sie stellen häufig wie von selbst die eigentlichen Fragen des Lebens wie die nach dem Sinn aller Dinge, die sie entdecken und beobachten, sowie allen Bedeutungen und Zusammenhängen, die ihnen wichtig sind und nach dem Sinn des Lebens, des Sterbens und des Todes.

Impulsfragen für Kinder

Nicht nur Gedichte können die Kinder zu spannenden Gesprächen über den Tod anregen, sondern auch Impulsfragen – eventuell möchten die Kinder auch gerne ihre Gedanken und Fantasien als Bilder malen.

- Was, denkst du, warst du vor deiner Geburt?
- Denkst du, dass du schon immer da warst?
- Was ist Ewigkeit?
- Was wäre, wenn wir Menschen immer weiterleben würden und gar nicht sterben könnten?
- Wie wird das sein, wenn wir nicht mehr leben?

Da, wo keine vernunftmäßig-schlüssigen Antworten greifbar sind, wird vom jungen Kind mit Fantasie logisch gemacht, was an Wissen und Erklärungen zu einer Sinnfindung fehlt (vor allem in der Entwicklungsphase des magischen Denkens). Der Einsatz von Fantasie hilft. Sie ist durchaus berechtigt, hat aber den Nachteil, manchmal zu falschen Auffassungen zu führen. Daher ist die Wahrheit auf Dauer und mit steigendem Alter ein besserer Lebenshelfer als die Fantasie. Es ist klar: Altersgerechte Aufklärung ist stärkender und hilfreicher als ausweichende, nicht korrekte Vertröstungen es sind.

Selbstreflexion

1. Erinnern Sie sich an Ihre Kindheit: Haben Sie als Kind viel gefragt? Wen haben Sie gefragt? Wer gab Ihnen gerne Antwort? Wie war Ihre Beziehung zu den antwortenden Personen? Was haben Sie unbedingt wissen wollen?
2. Wurden Sie frustriert, weil man Ihnen nicht antwortete? Weil man Ihre Neugier nicht wertschätzte?
3. Wie neugierig sind Sie heute? Mit wem unterhalten Sie sich gerne über Ihre Fragen?

Die richtigen Worte finden

Beziehen wir dies nun auch auf den Bereich *Sterben und Tod*: Zum Leben eines jeden Kindes gehört ein Wissen um die Endlichkeit des Lebens und der Gefühle von Trauer. Ehe Kinder daran denken, dass es möglich ist, einen geliebten Menschen zu verlieren, erleben sie schon viele kleine Verluste, Enttäuschungen und Abschiede, lange bevor ihnen das Phänomen Tod bewusst wird. Die Auseinandersetzung mit dem Tod bleibt – einmal begonnen – ein lebenslanger Prozess. Sie gelingt umso eher, je offener sie geführt wird, denn Ignorieren ist zum Scheitern verurteilt, was in der Natur der Sache liegt. Selbst wenn Sie bereit sind zu authentischen und ehrlichen Gesprächen mit Kindern, können Sie trotzdem unsicher sein und sich fragen: „Wähle ich die richtigen Worte? Gebe ich die richtigen Erklärungen?"

Lara (5 Jahre) fragt:

„Wie ist das denn, wenn man tot ist?"
Veronika, ihre Erzieherin, antwortet ihr:
„Der Mensch, der tot ist, der liegt da ganz reglos. Er kann sich nicht mehr bewegen und nicht mehr atmen. Sein Herz schlägt nicht mehr und kann nicht wieder anfangen zu schlagen, nie mehr. Der Körper ist ruhig und friedlich. Nichts tut mehr weh. Wenn er Schmerzen hatte, so haben die aufgehört. Der Mensch kann dann nicht mehr denken und nicht mehr fühlen. Das ist Tot-Sein."

Deniz (6 Jahre) meint:

„Man soll so was ja nicht sagen, aber mein Opa ist … weg."
Erzieher David reagiert auf ihn:
„Du willst mir sagen: Dein Opa ist tot. Das darf man ruhig so sagen, auch wenn es vielleicht nicht einfach ist. Versuche einfach, das Wort auszusprechen: tot. Vielleicht brauchst du dazu ein wenig Mut. Vielleicht, weil es ein so trauriges Wort ist oder etwas beängstigend. Und doch tut es gut, es einfach sagen zu dürfen, und deine traurigen Gefühle dazu auch."

Viktor (5 Jahre) sagt:

„Das mit dem Tod, das verstehe ich gar nicht. Keiner erklärt mir das richtig!"
Martina stimmt ihm zu:
„Weißt du, so geht es vielen Menschen, nicht nur dir. Niemand versteht den Tod wirklich, aber wir können über alles sprechen. Wir können über unsere Vorstellungen sprechen: Wie stellen wir uns den Tod vor? Du kannst etwas von mir lernen. Und ich lerne von dir. Wir können versuchen, einander zu helfen, das mit dem Tod besser zu verstehen."

Solche Formulierungen helfen bereits vorbeugend, irreführende Fantasien, Ängste und Schuldgefühle bei Kindern zu vermeiden. Wenn Sie dem Kind eine Erklärung gegeben haben, können Sie das Kind auch bitten, diese sinngemäß – also mit eigenen Worten – zu wiederholen. So erfahren Sie, was das Kind tatsächlich verstanden hat und ob Sie richtig verstanden wurden, denn Kinder ziehen aus missverständlichen Erklärungen oftmals erstaunliche Schlüsse.

Praxisbeispiel

Lara fragt ihre Erzieherin: „Wie lange dauert denn der Tod?" Sie bekommt die Antwort: „Weißt du, der Tod ist von Dauer." Das Kind reagiert erleichtert: „Dann ist es ja gut. Die Dauerwelle von meiner Mama hält ja auch nicht lange!"

Sprachliche Eindeutigkeit

Sagen Sie immer eindeutig: „Jemand ist gestorben" oder „Jemand ist tot" und vermeiden Sie irreführende oder umschreibende Formulierungen. Erklärt man einem Kind beispielsweise, dass man nur stirbt, wenn man alt und krank ist, kann es Angst um die Eltern bekommen, denn das Kind empfindet seine Eltern als deutlich älter als es selbst. Kinder haben grundsätzlich noch eine entwicklungsbedingt unsichere Einschätzung von Altersabständen und Altersunterschieden.

> Julian fragt seine Eltern ständig nach deren Wohlbefinden. Er gerät in Panik, als sein Papa eine Grippe bekommt, und hat Angst, er könne sterben. Sein Papa erklärt ihm, dass nicht *jede* Krankheit zum Tod führt und dass wir nicht wissen, wann wir sterben müssen – man kann alt oder jung sein. Aber am ehesten sterben wir, wenn wir richtig alt sind und eine lebensbedrohliche Krankheit haben.

Der Schlaf ist kein *kleiner Tod*

Auch eine bildliche Verbindung zwischen Schlaf und Tod sollte nicht hergestellt werden. Kinder können sehr erschreckt sein durch die Formulierung, dass jemand sanft entschlafen oder friedlich im Schlaf gestorben ist. Es können Ein- oder Durchschlafprobleme entstehen, aus Angst, nicht mehr wach werden zu können. Auch Kindergebete mit ängstigenden Formulierungen wie „Morgen früh, wenn Gott will, wirst du wieder geweckt" können dem Kind Ohnmachtsgefühle vermitteln und die Angst, einer übermächtigen Instanz hilflos ausgeliefert zu sein.

Anlassbezogen lässt sich sinnvoll starten

Beobachtbares aus dem Alltag gibt uns viele Anlässe zur Verbindung mit diesem bedeutsamen Thema. Wir können mit einfachen Beispielen beginnen und das Thema stufenweise ausweiten, immer der Auffassungsgabe des Kindes und seinem Fragebedürfnis angepasst. Greifen Sie das Thema zum Beispiel über alltägliche Vorkommnisse in Ihrem Kita-Kontext auf: Reden Sie über absterbende Blätter im Herbst oder über Insekten, die in einem Moment noch leben und im nächsten Moment nicht mehr wie bei verendeten Bienen, die Sie auf dem Gehweg entdecken.

Kinder signalisieren mit ihren weitergehenden Fragen, was sie zurzeit verarbeiten können. Man sagt: „Ein Kind, das reif ist für eine Frage, ist auch reif für die Antwort." Und gleichzeitig schützen sich Kinder oft, indem sie aufhören zu fragen, wenn eben dieses Weiterfragen sie überfordern würde.

Ein systematisches, völlig ohne Zusammenhang begonnenes Gespräch zu dem Thema ist daher auch eher nicht sinnvoll. Gehen wir so vor, dann treffen wir beim Kind vermutlich nicht auf ein eigengesteuertes Interesse. Dann übergehen Kinder vielleicht unsere Gesprächs- oder Aktivitätsimpulse zum Thema. Dies wiederum könnten wir als grundsätzliches oder umfassendes Desinteresse oder als Ängstlichkeit vor dem Thema interpretieren. Bei den Kindern liegt jedoch möglicherweise nur ein momentanes anderweitiges Interesse vor. Gibt es einen – noch so kleinen – äußeren Anreiz zur Themenbeschäftigung, gehen die Kinder in der Regel engagiert darauf ein. Dann ist es *ihr* Thema.

Sinnbildliches Denken

Kinder fantasieren oft auch zu möglichen Daseinsformen nach dem Tod. Sie entwickeln manchmal eigenständig Vorstellungen zur Existenz oder Nichtexistenz nach dem Tod. Sehr naheliegend ist die Verbindung zu sinnbildlichen und/oder religiösen Vorstellungen. Es ist fair und klug, Kindern zu sagen, dass niemand Gewissheit zum Leben nach dem Tod hat, dass aber viele Menschen dazu nach Antworten suchen. Dass manche religiös bestimmte Vorstellungen haben, weil sie an Gott glauben, der ihnen ein Leben nach dem Tod verspricht, was sie tröstet und ih-

nen Hoffnung gibt. Wir sollten erklären, dass „im Himmel sein" und „ins Paradies kommen" Sinnbilder sind und eigene kindliche Vorstellungen ebenso wertvoll sind.

Praxistipp

Ein Gespräch mit der Pädagogin Angelika Iskam, die sich in einem Hospizverein engagiert, ergab weitere Praxistipps, die sich auch für Kita-Kinder eignen:

1. Eine kleine Fantasiegeschichte erfinden, die von der Wandlung einer Raupe in einen schönen Schmetterling erzählt; eventuell auch das bekannte Bilderbuch von der Raupe Nimmersatt (Eric Carle) vorlesen und kindgerecht in Bezug auf „Wandlungen" hin besprechen.
2. Klassische Musik einsetzen, um Kindern eine besinnliche Stimmung anzubieten.
3. Das jahreszeitliche Wachsen, Blühen, Früchtebilden und Verwelken aufmerksam aufzeigen, um Aufbruch und Rückzug in der Natur zu thematisieren.
4. Offene Gespräche darüber anbieten, wann man traurig ist, wie sich das anfühlt und was hilft, wieder weniger traurig zu sein.
5. Anregen, Trauer pantomimisch auszudrücken, und danach gleich, wie man körperlich zeigen kann, dass man fröhlich und glücklich ist, wütend, verwundert oder ängstlich.
6. Gespräche darüber anbieten, wie man erkennt, dass jemand anderes traurig ist und gemeinsam überlegen, wie man das Kind dann trösten könnte.
7. Die Kinder fragen, wer vielleicht gerade eine „Trostkarte" gebrauchen könnte und diese dann mit ihnen gemeinsam gestalten und per Post abschicken.
8. Alle Sinne der Kinder ansprechen: Wird Singen, Tanzen, Malen, Basteln, Dichten, Spielen und Träumen ganzheitlich integriert, so tut es Kindern ohne akute Betroffenheit gut, ebenso wie Kindern in einer aktuellen Trauersituation.

Die Gespräche vorbereiten

Klug ist es, sich rechtzeitig (also so bald wie möglich) mit der Vorbereitung auf die Gespräche mit den Kindern zu beschäftigen. Dafür gibt es zahlreiche verschiedene Ideen und Methoden – von Materialien über Lieder bis hin zum direkten Erleben von Friedhöfen.

Stellen Sie zum Beispiel einen Materialkoffer zusammen und füllen Sie ihn mit Dingen, die es Ihnen erleichtern, mit Kindern über Sterben und Tod zu sprechen. Das können thematische Bilderbücher und Fotos von Friedhöfen sein. Lieder trösten Kinder sehr und wirken durch ihre Wiederholbarkeit und textliche Verlässlichkeit tröstend und ermutigend. Auch schöne Kondolenzkarten mit Sinnsprüchen oder Gedichten auf der Rückseite eigenen sich. Es wird interessant sein, wie die älteren Kinder die Texte verstehen und interpretieren.

Erinnerung ist wie ein Paradies, aus dem man nicht vertrieben werden kann.
(Jean Paul)

Das einzig Wichtige im Leben sind die Spuren der Liebe, die wir hinterlassen, wenn wir gehen.
(Albert Schweitzer)

Niemals geht man so ganz; irgendwas von dir bleibt hier.
(Trude Herr)

Ein Besuch auf dem Friedhof

Manche Kita geht besondere Wege, um Kindern den natürlichen Zugang zu Gesprächen über den Tod zu ermöglichen. Die kann ganz beiläufig und unspektakulär entstehen, wenn man beispielsweise bestimmte Plätze aufsucht, sie selbstverständlich in den Alltag integriert und sich beim Besuch den Fragen der Kinder offen stellt.

Praxisbeispiel

Eine Kita in Bonn hat keinen großen Garten und auch keinen Park oder Wald in der Nähe. Aber es gibt in nächster Nähe einen Friedhof. Dort gehen die Pädagog:innen oft hin, bei jedem Wetter, zu jeder Jahreszeit und auch schon mit den Krippenkindern. Die Kinder können dort frei laufen, Blumen und Bäume erleben, die gute Luft genießen. Sie können Fragen stellen, warum der Ort etwas Besonderes ist. Kinder spüren dort die Atmosphäre und die veränderte Lautstärke und passen sich ihr auf natürliche Weise an. Sie lernen Respekt im Umgang mit den anderen Menschen, die den Friedhof besuchen. Die Kinder und ihr unbefangenes Verhalten sind oft freudige Ablenkung für die Trauenden, ohne dass dies angestrengt oder unnatürlich wirkt. Die Aufenthalte dort sind einfach in das Leben integriert. Besuchen Sie also ruhig Friedhöfe mit den Kindern, als Park mit einem besonderen Aspekt.

Familien gut begleiten

Im Rahmen einer Fortbildung, die ich zu diesem Thema leitete, bereitete ich mit der jungen Erzieherin Elif ein Elterngespräch vor. Die Situation: Der Vater der Familie ist lebensbedrohlich erkrankt und der Familie ist sein nahender Tod bewusst. Auch seinem kleinen Sohn Samuel. Besonders bedeutsam erschien uns, das Kind aktiv einzubinden und ihm Rituale zu ermöglichen, also tätig zu werden, um nicht inaktiv und alleine mit Gedanken und Gefühlen zu bleiben.

Praxisbeispiel

Nach dem Gespräch mit Samuels Mutter berichtet Elif Folgendes: Vom Hospiz erhalten Mama und Sohn eine intensive Trauerbegleitung. Leider musste obendrein der Hund der Familie mit nur einem Jahr eingeschläfert werden, da dieser eine seltene Erbkrankheit hatte. Das nimmt den Jungen sehr mit, weil der Hund sein Ein und Alles war.

Elif überlegt mit Samuel zusammen, einen Stein für sein Hundegrab zu bemalen sowie ein Erinnerungsbuch zu gestalten mit Geschichten und einen Brief an ihn.

Wenn der Vater verstirbt, wird Samuels Mama ihm erzählen, dass der Hund auf Papa im Himmel aufpassen wird. Sie bezieht Samuel sehr mit ein, da sie ihren eigenen Vater verlor, als sie selbst erst elf Jahre alt war. Damals wurde das Thema totgeschwiegen. Jetzt will sie es für ihren Sohn anders machen. Sie hat sogar jemanden gefunden, der Kuscheldecken aus der Kleidung der verstorbenen Menschen näht.

Elif bietet der Mama an, sich im Personalzimmer der Kita auf einen Kaffee zurückzuziehen, wenn sie einmal Zeit für sich braucht.

Krieg: Vom Leid der Welt hören

Alle Menschen brauchen Frieden. Leben wir im Frieden, dann halten wir ihn für selbstverständlich. Immer wieder erleben Menschen jedoch, dass der Friedenszustand nicht sicher ist. Frieden muss bewahrt und immer wieder hergestellt werden. Kinder leben inmitten dieser Weltrealität. Auch sie sind von Friedensbrüchen und gewalttägigen Auseinandersetzungen betroffen. Und Kinder sind von Kriegsnachrichten nicht gänzlich fernzuhalten.

Praxisbeispiel

Ich setze in einer Kita gemeinsam mit den Pädagog:innen zweisprachige Erzählprojekte um. Dazu nutzen wir das antirassistische Bilderbuch „Wie weit weg ist Pfefferland?" von Frank Ruprecht. Eine Geschichte, in der zwei weiße Wohlstandsmäuse eine schwarze Flüchtlingsmaus verstecken. Die schwarze Maus ist vor dem Krieg geflüchtet, den zwei machtgierige Mäuseanführer angezettelt haben. Im Verlaufe des Erzählprojektes fragten wir die Kinder: „Wisst ihr denn, was Krieg ist?" Zu unserem Erstaunen erhielten wir daraufhin erschreckend detaillierte Auskünfte. Und wie man Krieg *macht*, ist ihnen klar, sie beschreiben dies eindrücklich. Doch wie nennt man es denn, wenn nicht *Krieg* ist? Diese Frage blieb unbeantwortet. Die Kinder waren ratlos. Wir nannten ihnen das Wort *Frieden* und überlegten gemeinsam, *wie man denn Frieden macht*. Es war sehr bewegend zu erleben, dass das zu erklären schwieriger war. Die anfängliche Sorge im Team „Wir können doch mit den Kindern nicht über so etwas Dramatisches wie *Krieg* reden!" wich der Haltung: „Wenn die Kinder darüber schon so genau Bescheid wissen, lassen wir sie dann nicht *alleine*, wenn wir *nicht* mit ihnen darüber reden?"

Kinder müssen Sicherheitsgefühle entwickeln können, um mit Informationen über Gewalt und Krieg als Verletzung des Friedens umgehen zu können. Sie brauchen Antworten auf ihre Fragen, Rücksicht auf ihre Gefühle und Stärkung durch altersgerechte, kreative Handlungen. So können sie voraussichtlich den Gefühlen von Verunsicherungen und Angst, Mutlosigkeit und Ohnmacht etwas entgegensetzen. Machen Sie sich zunächst einmal klar: Sicherheitsgefühle von Kindern werden manchmal erschüttert, und es wird von den Erwachsenen überhaupt nicht bemerkt.

Praxisbeispiel

Während des zweisprachigen Erzählprojektes sprudelten aus den Kindern nach einiger Zeit die Erfahrungen und Gefühle nur so heraus:
Timo erzählt, dass sein Papa immer gerne während des familiären Abendessens die Nachrichten anschaut. „Er dreht dann den Fernseher so, dass wir die Nachrichten vom Tisch aus sehen können. Und dann liegen da tote Menschen auf der Straße und sie sagen: *Es gab 25 Tote!* Das ist so schlimm, ich kann dann gar nichts mehr essen. Aber Papa merkt das nicht."
Alina schließt sich an: „Meine Mama lässt immer meine Kinderzimmertüre etwas offen, damit ich Licht vom Flur habe. Ich kann dann besser einschlafen, aber wenn der Fernseher laut ist, dann höre ich auch von Explosionen und so vielen Toten. Puh, schrecklich, dann kann ich gar nicht mehr gut einschlafen!"

2

Wie viele Beispiele ließen sich wohl anschließen, wenn Kinder spüren, dass ihnen zugehört wird und sie ihre Erfahrungen mit beiläufig wahrgenommenen Nachrichten erzählen könnten? Schalten wir schnell genug das Autoradio um? Bremsen wir uns in Gesprächen unter Erwachsenen rechtzeitig, wenn wir das aktuelle, kriegerische Weltgeschehen kommentieren, wenn Kinder in Hörnähe sind? Vermeiden wir, drastische Einzelschicksale zu berichten, von denen wir hörten? Nehmen wir die offenen Augen und Ohren der Kinder immer rechtzeitig wahr?

Frieden und Gewaltlosigkeit

Was Kinder dringend brauchen, sind Vorbilder gelebter Gewaltlosigkeit und konstruktiver Konfliktlösung und Menschen, die offen über die Bedeutung des Friedens reden, um den Schrecken des Krieges in der Wahrnehmung der Kinder zu entschärfen. So klar, wie es zurzeit ist, dass auch junge Kinder mit dem Begriff – und geflüchtete Kinder mit dem Erlebnis *Krieg* – konfrontiert sind, so klar ist es auch, dass sie die Alternative *Frieden* dazu kennen müssen, um Beruhigung, Trost und Zuversicht finden zu können.

Aber wie spricht man mit Kindern über den Krieg? Ganz bewusst können Sie – ohne den Begriff *Krieg* zu meiden – sinngemäß sagen:

- Wichtig ist, dass wir einmal über den Frieden sprechen!
- Frieden ist, wenn es keinen Krieg gibt.
- Im Krieg werden Waffen benutzt, um ein anderes Land zu zerstören und Menschen zu verletzen oder zu töten. Das darf nicht passieren und es ist wichtig, immer Frieden haben zu wollen.
- Alle Menschen haben das Recht, in Frieden zu leben, ohne Angst vor dem Krieg.
- Frieden entsteht, wenn man miteinander spricht, anstatt sich gegenseitig zu schaden.
- Frieden macht man, wenn man sich einigt und verträgt.

Position beziehen

Pädagogische Kurzbotschaften wirken zutreffend, verlässlich und stützend. Sagen Sie möglichst häufig beispielsweise: „Kinder sind nicht zum Schlagen da!" oder „Für jeden Streit gibt es eine friedliche Lösung." Schnell entwickelt sich auch im Sprachgebrauch von Kindern die Kenntnis dieser Formulierungen, wenn sie diese von Vorbildern hören.

Kinder wissen genau, was *gemein* und ungerecht ist. Es lohnt sich, dazu einmal ohne akute Streitsituation das Gespräch mit den Kindern zu suchen. Beteiligen Sie sich daran und sagen Sie, was nach Ihrer Meinung ungerecht und unfair ist.

- Wann empfindet ihr etwas als ungerecht?
- Was ist nicht fair, sondern gemein?
- Was hilft euch, wenn ihr unglücklich seid über das, was andere tun?

Ein Kindersprechtag

Elternsprechtage sind aus der Schule bekannt. Einen *Kindersprechtag* anzubieten, macht sicherlich Sinn, damit Kinder sich im Sinne der Partizipation Gehör verschaffen können. Kinderkonferenzen streben eher die gemeinschaftliche Erörterung von Fragen und Themen an. In einer Kindersprechstunde kann das einzelne Kind im Mittelpunkt stehen, um seine ureigenen Bedürfnisse und Wünsche, Sorgen und Nöte, Hoffnungen und Ziele artikulieren zu können. Auch zu Verunsicherungen über Nachrichten von Kriegen können solche Sprechtage Sinn machen. Nicht alle Kinder möchten über Verunsicherungen in der großen Gruppe sprechen.

Kinderechtskonvention bekannt machen

Insgesamt 54 Kinderrechte sind als *Kinderrechtskonventionen der Vereinten Nationen* formuliert. Sie wurden am 20. November 1989 von der Generalversammlung der Vereinten Nationen verabschiedet und von allen (damaligen) Mitgliedsstaaten der Vereinten Nationen ratifiziert (außer von den USA). Ihre Einhaltung und Umsetzung wartet aber in vielen Ländern immer noch auf absolute Erfüllung.

Mit den Kinderrechten sollten *alle* Kinder (und Eltern!) *jeder* Kindertageseinrichtung vertraut sein, ehe sie diese Bildungseinrichtung Richtung Schule verlassen. Es steht den Kindern zu, zumindest die markantesten Rechte altersgerecht vermittelt zu bekommen.

Reif für die Antworten

Es gibt eine kinderpsychologische Regel, die lautet: „Ein Kind, das reif ist für eine Frage, ist auch reif für die Antwort." Selbstverständlich stimmt dieser Satz, wenn auch nur in der Erweiterung: „für die altersgerechte Antwort." Die Kunst ist dabei, die kindliche Frage gut zu hören und zu verstehen. Zum Beispiel, indem Sie die Frage des Kindes sinngemäß (in Bezug auf den Sachinhalt) und emotional spiegeln.

> Ein Kind fragt: „Kommt der Krieg jetzt auch bis nach hier?"
> Sie spiegeln: „Du fragst dich, ob das alles weit weg von uns geschieht, und du überlegst, ob wir auch besorgt sein müssen?"

Diese Spiegelung zeigt dem Kind, dass es mit seiner Frage gut verstanden wurde. Es wird mit großer Wahrscheinlichkeit seine Frage verstärken oder erweitern, sein Denken und Fühlen intensiver und genauer mitteilen, worauf wir dann eingehen können. „Wir sind hier sicher, aber ich verstehe, dass dich die Nachrichten besorgen" oder „Viele Menschen sind besorgt wie du und wollen aufpassen, dass es hier sicher bleibt."

Literaturtipp

Im Bilderbuch „Ich bin ein Kind und ich habe Rechte!" liest man kindgerecht und in klarer Sprache: „Ich habe das Recht auf einen Namen, einen Vornamen, auf eine Familie, die mir zulächelt, und ein Land, in dem ich mich zu Hause fühle." Oder zur Gewaltfreiheit: „Ich habe das Recht, nie Gewalt erleiden zu müssen. Kein Mensch hat das Recht, auszunutzen, dass ich ein Kind bin. Kein Mensch der Welt."

Mut zur ehrlichen Antwort

Die Kinder sollten uns *alle* ihre Fragen stellen dürfen, aber auch erleben, dass es nicht leicht ist, auf *alle* Fragen eine Antwort zu geben. Auch wir Erwachsenen dürfen uns emotional zeigen (ohne Panik zu erzeugen).

Fragt ein Kind zum Beispiel: „Tut erschießenwerden weh?" (Originalton)
Antworten Sie sinngemäß: „Es fällt mir schwer darauf zu antworten, weil ich etwas Trauriges antworten muss: Ja, erschossen zu werden tut weh."

Das Kind erhält eine ehrliche Antwort, die nicht weiter differenziert wird, aber trotzdem zutreffend und ehrlich ist. Weitere Einzelheiten wären für jedes Kind tatsächlich zu belastend.

Kinder bemerken, wenn Erwachsenen in Sorge sind. Sie empfinden es als Zutrauen zu ihnen, wenn wir dazu stehen können, besorgt zu sein. Kinder werden auf diese Weise nicht irritiert, ob sie ihrer intuitiven Wahrnehmung trauen dürfen oder nicht. Es wäre auch bedenklich, Kindern keine ehrlichen Erklärungen zu geben. Sie müssen dann in Fantasien ausweichen, die noch ängstigender sein können als eine offene, aber kindgerechte Erklärung.

In der Lebenswelt verankern

Wenn möglich, dann sollten Kinder zu ihren Fragen Parallelen hören, die sie mit ihrer Lebenswelt verbinden können.

Ein Kind fragt: „Warum wollen Leute überhaupt den Krieg, wenn der doch so schlimm ist?"

Sie können sagen: „Menschen wollen nicht immer nur das Gute. Auch Kinder ja manchmal nicht, wie du weißt. Manchmal will man sich gegenseitig etwas wegnehmen. Kinder untereinander nur Spielzeug. Mächtige Menschen, die Länder anführen, manchmal anderen Menschen auch ihr Land. Das ist viel, viel schlimmer, weil sie den anderen ihre Heimat wegnehmen."

Als Lernziele für die Kinder sind somit in diesem Zusammenhang zu nennen:

- Sie werden kindgerecht mit dem Friedensbegriff vertraut gemacht.
- Sie erhalten Ermutigung, sich altersgerecht für friedfertiges Verhalten und gegen Abwertungen und Gewalt einzusetzen.
- Sie entwickeln Ideen zu konkreten Handlungsaktivitäten für den Frieden und die Mitmenschlichkeit.
- Sie werden verlässlich informiert über ihre grundlegenden Kinderrechte.
- Ihr kindliches Selbstwertgefühl und ihr Rechts- und Unrechtsbewusstsein werden gestärkt.

Kinder fragen nach Sterben und Tod –

im eigenen Bezugsfeld und mit individueller Betroffenheit

Manche Kita-Kinder erleben in ihren Familien oder in emotionaler Nähe zu Verwandten, Freund:innen und Bekannten der Familie einen Todesfall. Dann ist die Situation unmittelbar verbunden mit Gefühlen der Verwirrung, Trauer und Ratlosigkeit. Zahlreiche besondere Gefühle in einer besonderen Lebenssituation stürmen auf die Kinder ein. Bei kindlicher Betroffenheit fragen wir Pädagog:innen uns nach Möglichkeiten, die uns anvertrauten Kinder gut zu begleiten. Wir wollen – ergänzend zu den familiären Bezugspersonen – für ein möglichst entlastendes Verarbeiten des Verlustes sorgen.

Kinder fragen nach Sterben und Tod – im eigenen Bezugsfeld und mit individueller Betroffenheit

Gute Begleitung bei eigener Betroffenheit

Um eine gute Begleitung in der Kita zu gewähren, braucht es Wissen um kindliche Faktoren im Umgang mit Tod und Trauer. Einen verlässlichen Leitfaden zur Trauerbewältigung gibt es leider nicht. Stellen Sie sich die Trauer eines Menschen wie einen Riesenberg vor, der abgetragen werden muss. Das muss Stück für Stück getan werden. Hilfreich sind dabei: Weinen, Singen, Lachen, Bewegung, Spiel, Malen, gute Ernährung, also ein gutes Auf-sich-Achten. Und natürlich die Begegnung mit Menschen, die gut zuhören können und bereit sind, meine Trauergedanken und -gefühle zu verstehen. Es wird trotzdem vielleicht nach dem Bergabtragen ein kleiner Stein übrigbleiben. Dieser Erinnerungsstein ist wichtig. Man kann ihn symbolisch als einen echten kleinen Stein bei sich tragen und in der Hosentasche gut verwahren. Eine hilfreiche Handlung auch für Kinder.

Angst vor der Endgültigkeit

Tod ist der endgültige Verlust. Dies spüren auch schon junge Kinder. Und vor Verlusten haben Kinder zunächst eine Urangst. Die Angst, von den Eltern getrennt zu werden, prägt Kinder von Geburt an, also seit den ersten Lebenstagen. Erst wenn das Kind an die Verlässlichkeit der elterlichen Versorgung und Liebe zutiefst glauben kann, wandelt sich die kindliche *Urangst* in das sogenannte *Urvertrauen*. Dieser Prozess dauert ungefähr die ersten 1 ½ Jahre lang. Eine gewisse Trennungsangst verbleibt aber unter Umständen, bis die Kinder sieben oder acht Jahre alt sind.

Nach einem Todesfall können Kinder erneut massiv unter Trennungsangst leiden. Vielleicht weigern sie sich, in die Kita zu gehen, bei anderen Menschen zu übernachten oder sich für kurze Zeit durch andere betreuen zu lassen. Sie fordern häufig hohe Aufmerksamkeit der Eltern ein, klammern sich an sie, weichen nicht von ihrer Seite oder kommen nachts zu ihnen ins Bett. Sie haben Angst, dass bei kurzzeitigen Trennungen von ihren Eltern entweder ihnen oder den Eltern etwas ähnlich Schlimmes passieren wird, dass ihr Verlust erweitert wird. Manche Kinder können sich auf nichts mehr konzentrieren und ziehen sich von ihren Freund:innen oder Spielkamerad:innen zurück. Sie wirken apathisch bis depressiv.

Praxistipp

Hilfreich ist es für Kinder dann, wenn pädagogische Fachkräfte ihre Not wahrnehmen und diese Wahrnehmung mit feinfühligen Worten spiegeln wie:

- Dich macht der Tod deiner Oma gerade sehr traurig, ja? Das kann ich sehr an deinen Augen sehen.
- Du kannst dich gar nicht richtig auf das Spielen konzentrieren. Du bist wohl heute viel zu traurig.
- Deine Mama kommt heute Mittag auf jeden Fall, um dich wieder abzuholen. Darauf kannst du dich verlassen.
- Komm, setz dich neben mich. Ich glaube, das tut dir gut, weil es so schwer ist, heute auf den Papa zu warten.

„Papa ist für lange Zeit verreist." Die Wahrheit verschweigen

Die altersgerecht vermittelte Wahrheit über Verluste durch den Tod hilft Kindern mehr als ihr Verschweigen. Sie sind heilsamer als jede vermeintliche Schonung. Schonen die Erwachsenen dadurch nicht eher sich selbst, weil auch sie Schmerz, Trauer und Verlust empfinden? Schonen mitfühlende und verunsicherte Eltern und Pädagog:innen wirklich das Kind, wenn sie ihm nicht die Gelegenheit geben, den eigenen Schmerz auszudrücken und Hilfe durch ein Gespräch zu erhalten?

Praxisbeispiel

Frau Demirs Ehemann war gerade bei einem Autounfall ums Leben gekommen. Wie konnte sie ihrer vierjährigen Tochter Hatice die schreckliche Nachricht mitteilen? Sie sagte: „Papa ist nun für lange Zeit verreist." Die Tochter war wütend und enttäuscht. Warum hatte er sich nicht von ihr verabschiedet? Sie fühlte sich verlassen und im Stich gelassen. Sie wartete auf Post und Anrufe und es wurde immer schwerer, sie zu vertrösten. Sie blieb lange in der falschen Hoffnung, dass ihr Vater zurückkommen würde, und fühlte sich von ihm zurückgewiesen. Zusätzlich war sie verwirrt: Warum sind die anderen so traurig, wenn Papa nur verreist ist?

Wie irritierend und belastend die Situation des Kindes war und wie tragischer sie immer weiter wurde, können wir uns nur zu gut vorstellen. Besonders gravierend war der Vertrauensverlust, als die Mutter die Erklärungen nicht mehr aufrechterhalten konnte. Solche Vertrauensverluste sind besonders gravierend, wenn das Kind von Außenstehenden die Wahrheit erfährt. Das Belogen-worden-Sein – selbst aus guter Absicht – schädigt die Beziehung zur (sicherlich aus Not) verschweigenden Person. Wie bedrohlich muss nun jede weitere, auch noch so kurzzeitige Trennung von Bezugspersonen für ein betroffenes Kind sein! Wie sehr kann es dann Erklärungen der Erwachsenen glauben, ohne sie zu bezweifeln? Eine tiefe Verunsicherung ist die Folge.

Der Wert der Aufrichtigkeit

Klären Sie bei dem Verlust durch Tod eines Familienmitgliedes mit der verbleibenden Bezugsperson des Kindes unbedingt, welche Erklärungen dem Kind über den Tod der Person gegeben worden sind. Besprechen Sie mit der Bezugsperson, was dem Kind voraussichtlich gut tut und welche Informationen es altersgerecht braucht, um in seinen eigenen Trauerprozess gehen zu können. Versuchen Sie eine größtmögliche Ehrlichkeit mit allen begleitenden Erwachsenen zu erreichen, damit das Kind dieselben Auskünfte erhält. So kann es sich bezüglich des Wahrheitsgehaltes sicher fühlen und seine ureigene Form der Trauerbewältigung finden.

„Das ist nicht wahr!“ Leugnung und Verdrängung als kindliche Trauerphase

Kindliche Trauer verläuft wie bei Erwachsenen in verschiedenen emotionalen Phasen ab. Die Phasen

- des Entsetzen und der Erschrockenheit,
- der Ablehnung, Verdrängung und Leugnung,
- der Depression und Hoffnungslosigkeit,
- der Apathie und Antriebslosigkeit,
- von Wut und Zorn,
- der Akzeptanz und der Zukunftszuwendung

werden von jedem Menschen mehr oder weniger intensiv erlebt. Sie sind individuell ausgeprägt.

Trauerphasen verlaufen nicht unbedingt linear und nach einem bestimmten, vorgegebenen Muster nacheinander ab. Mit einer gewissen Wahrscheinlichkeit haben sie jedoch einen gewissen Rhythmus. Die erste Phase ist oft von Verdrängung und Leugnung geprägt, wie das nachfolgende Beispiel zeigt.

Praxisbeispiel

Frau Ergül teilte ihrer vierjährigen Tochter Dilara den Tod des Vaters mit, der unheilbar an Krebs erkrankt war. Sie sagte es behutsam, aber auch eindeutig. Dilara hörte still zu und reagierte mit: „Oh, er ist gestorben … Kann ich jetzt wieder spielen gehen?“ Das verwirrte die Mutter zunächst. Es wirkte auf sie lieblos, bis sie verstand, dass es sich vermutlich nur um das Nichtbegreifen der tatsächlichen Dimension der Nachricht handelte.

Daher wirkt es bei manchen Kindern so, als hätten sie nicht „gehört“, was man ihnen über den Tod eines Menschen gesagt hat. Manchmal sagen sie: „Das ist nicht wahr!“. Sie ziehen sich auf eigene Erklärungen zurück, warum jemand nicht mehr da ist und wehren sich gegen Veränderungen. Zum Beispiel muss der Tisch weiter für die verstorbene Person mitgedeckt, Kleidung darf nicht verschenkt oder Zimmer dürfen nicht umgeräumt werden.

„Ich will das nicht hören!“

Das Nicht-wahrhaben-Wollen kann auch bei behutsamer und ausreichender Aufklärung auftreten und zeigt primär die Abwehr gegen den Schock des Verlustes. Die Leugnung ist als Reaktion also normal. Oft wird gerade Kindern die neue, volle Realität der Situation erst nach und nach bewusst. Sie brauchen Zeit, um die neue Realität anzuerkennen.

Obwohl manche Kinder nach außen kaum betroffen erscheinen, können sie es in ihrem Innern doch sehr sein: „Kinder wirken oft unberührt: Sie bauen ein Abwehrverhalten auf, indem sie so tun, als ob nichts geschehen sei. Ein solches Verhalten des Kindes kann auch anzeigen, dass der Verlust zu groß ist, um ihn zu akzeptieren, und dass das Kind sich insgeheim einredet, dass der geliebte Vater noch lebt." (Grollman, Earl A. (2006): Mit Kindern über den Tod sprechen. Seite 52 f.)

Oft trauern Kinder still über einen längeren Zeitraum hinweg. Sie brauchen viel Aufmerksamkeit, weil sie ihre Trauer vielleicht nur verdeckt und verschlüsselt äußern. Eine Schatzkiste oder ein Erinnerungsbuch, das die liebsten Andenken an die verstorbene Person enthält, kann helfen, mit den Kindern ins Gespräch zu kommen. Eine solche Schatzkiste kann auch für die Gruppe angelegt werden, wenn zum Beispiel ein Kind oder ein Teammitglied stirbt.

Die still und nachdenklich Trauernden

Wenn Sie ein Kind still trauern und sich zurückziehen sehen, können Sie probieren, ihm zu helfen: Sagen Sie beiläufig und unaufgeregt in Anwesenheit des Kindes (beispielsweise): „Manchmal war ich als Kind sehr traurig, habe es aber niemandem erzählt. Vor allem, als mein Opa starb, konnte ich niemandem erzählen, wie sehr ich ihn vermisste. Aber ich habe es leider auch nicht probiert. Vielleicht hätte mir doch jemand zugehört." Vielleicht hilft einem Kind diese Nachdenklichkeit und öffnet ihm die Türe zum eigenen Ausdrücken von Gefühlen. Zeigen Menschen in ihrer Umgebung Trauer durch emotionale Äußerungen und authentische Formulierungen, so fühlen Kinder sich eher ermutigt, auch ihre eigenen Gefühle zu zeigen und zu äußern.

Praxisbeispiel

Die fünfjährige Eva fragt ihre Mutter: „Mama, die Uroma, ist sie jetzt da, wo es schön ist?" Die Mutter antwortet ihr: „Ja, da ist sie jetzt." Eva reagiert daraufhin spontan: „Dann weiß ich, wo sie ist! Sie ist jetzt in Holland am Strand!"

Demgegenüber beobachten Kinder auch aufmerksam die trauernden Erwachsenen. Der tapfer beherrschte Erwachsene, der keine Tränen zeigt, wird unter Umständen vom Kind verdächtigt, überhaupt nicht traurig zu sein: „Du weinst ja gar nicht, hattest du die Irma nicht lieb?" Manche Menschen drücken ihre tiefgehenden Emotionen aber anders als mit Weinen aus – darüber sollten Sie mit Kindern sprechen.

Plötzliche Stimmungswechsel

In den weiteren Trauerphasen werden oft andere starke Gefühle hochgespült: Verwirrung, Ratlosigkeit, Mutlosigkeit und Desorientierung bestimmen dann die Trauer. Unterschiedliche schmerzliche Gefühle über den Verlust werden wach. Es regen sich Hoffnungslosigkeit und Traurigkeit, manchmal begleitet von vielem Weinen

und Beschwerden psychosomatischer Art. Reaktionen der Kinder auf den Schmerz des Verlustes können also sehr unterschiedlich sein. Die Gefühle des Kindes „hängen ab von ihren Vorstellungen vom Tod, von ihrem persönlichen Entwicklungsstand und der Art und Weise ihrer Beziehung zum Verstorbenen" (Grollman, Earl A. (2006): Mit Kindern über den Tod sprechen. Seite 54)

Manche Kinder erwähnen den Verstorbenen überhaupt nicht, manche weinen stark, andere bleiben äußerlich teilnahmslos und zeigen keinerlei emotionale Regung, während wiederum andere Kinder plötzlich in Lachen ausbrechen, wenn der Verstorbene erwähnt wird oder den Verstorbenen überschwänglich loben, für sie war er oder sie der wunderbarste Mensch der Welt.

Praxistipp

Aus der Kultur der Maya in Mittelamerika kommend kennt man hierzulande die *Sorgenpüppchen*. Der Legende nach erhielt die Mayaprinzessin Ixmucane vom Sonnengott die Aufgabe, alle Ängste und Probleme der Menschen zu lösen. Da sie dies allein nicht schaffte, teilte sie ihre Gabe auf und übertrug sie auf die Püppchen, die sie bei der Problemlösung unterstützen sollten. Abends, vor dem Schlafengehen, erzählt man den kleinen Figuren seine Sorgen und Ängste. Danach legt man sie unter das Kopfkissen. Am nächsten Morgen sollen die düsteren Gedanken verschwunden sein und es soll Platz für Hoffnung entstehen. Der Name der Püppchen ist *Muñeca quitapena*. Er kommt aus dem Spanischen und bedeutet so viel wie „Puppe, die den Schmerz nimmt". Bieten Sie sehr besorgten und geängstigten Kindern die Sorgenpüppchen zum Trost an.

„Das ist gemein!" Wut und Schuldgefühle in der kindlichen Trauer

Doch auch aggressive Gefühle können aus den Kindern ausbrechen. Manche Kinder äußern Wut, weil die Oma nun den versprochenen Zoobesuch nicht mehr einhalten kann, sie sich vom Verstorbenen im Stich gelassen fühlen oder sie ihren wütenden Schmerz auf (den gar nicht lieben) Gott, den Arzt oder die Ärztin, den Priester, die Eltern oder andere Verwandte projizieren – irgendjemand muss doch schuld sein!

Der sechsjährige Serkan sagte: „Manchmal hasse ich meine Schwester dafür, dass sie gestorben ist. Alles ist jetzt so anders als vorher. Sie hat alles kaputt gemacht!"

Geschwister wünschen sich gegenseitig zu Lebzeiten manchmal Schlimmes, ohne dass sie wirklich wollen, dass dies eintrifft: „Ich wünschte, ich hätte gar keine Schwester!" Tritt dann der Tod des Geschwisters ein, so ist der Verdacht, der Gedanke habe den Tod bewirkt (im Sinne des magischen Denkens) eine katastrophale Belastung: „Ich bin schuld am Tod meiner Schwester".

Zwischen Wut und Schuldgefühlen

Wut und Schuldgefühle sind bei Kindern häufig gekoppelt. Wutgefühle sind menschlich, ebenso die zornige Frage: „Warum trifft es ausgerechnet mich?" Eine hilfreiche Reaktion wäre: „Manchmal kommt dir alles ganz ungerecht vor." Verbitterung resultiert oft aus Hilflosigkeit. Kinder sollten keine Schuldgefühle entwickeln müssen, aber diese schweben bei Verlusten (bewusst oder unbewusst sowie altersentsprechend unterschiedlich) immer im Raum.

3

Kinder können ihre aggressiven Gefühle auch gegen eine nahestehende Person richten. Ihre Wut kann sich auf eine Person der Familie übertragen – diese hat in der Projektion dann Schuld. Sie habe zu wenig getan oder sich zu wenig gekümmert, sei böse etc.

Praxisbeispiel

Die sechsjährige Sara schrie: „Papa, warum hast du den Krankenwagen nicht eher gerufen? Dann würde Mama jetzt noch leben!" Das wirft sie ihrem bedrückten Vater vor, der in Wirklichkeit keine Chance hatte, den Tod seiner Frau zu verhindern.

Den oder die Schuldigen außerhalb der eigenen Person zu suchen, hilft, mit eigenen Schuldgefühlen und dem Kummer besser zurechtzukommen. Dürfen diese Gefühle nicht geäußert werden, so wirken sie oftmals nach innen. Sie verursachen Depressionen, Versagensgefühle, Alpträume, Gereiztheit, trotziges Widersetzen oder gesteigertes Selbstmitleid. Auch in der Kita können sich aggressive Gefühle bemerkbar machen.

Praxisbeispiel

Der vierjährige Jonas wirkte nach dem Tod seiner Mutter sehr bedrückt. Er zog sich zurück, war kaum ansprechbar und zeigte körperliches Unwohlsein mit verschiedenen Symptomen. Erst nach längerer Zeit und vielen zugewandten Gesprächen konnte herausgefunden werden, dass seine Mutter häufig über seine Unordnung geklagt hatte. Sie kommentierte wohl die Unordnung des Sohnes mit: „Du bringst mich mit deiner Unordnung noch ins Grab!" Sie verstarb und ihr Sohn litt unter starken Schuldgefühlen, glaubte er doch, seine Unordnung habe wirklich den Tod der Mutter verursacht. Erst die Richtigstellung konnte das Kind wieder entlasten und seinen natürlichen Trauerprozess einleiten.

Praxisbeispiel

Die sechsjährige Celine kommt nicht damit klar, dass ihre beste Freundin und Spielkameradin an einer plötzlichen Erkrankung verstarb. Sie schimpft häufig darüber, dass alle noch ihre besten Freunde zum Spielen haben, nur sie nicht. Ihre Erzieherin hilft ihr mit der verständnisvollen Spiegelung: „Du bist ärgerlich darüber, dass du jetzt nie mehr mit Sarah spielen kannst. Manchmal macht es dich richtig wütend, dass sie nicht mehr kommen wird, weil sie tot ist." Sie tröstet sie nicht abwiegelnd über ihren Ärger hinweg („Es gibt doch noch die anderen Kinder, die Ayşe magst du doch auch!"), sondern erkennt ihre Gefühle an.

Schuldgefühle nehmen

Bei kleinen Kindern unter sieben Jahren führt meist eine Fehleinschätzung der Situation (wegen fehlendem Wissen, mangelnder Reife oder Lebenserfahrung) zu diesen Schuldgefühlen. Nutzen Sie die Aufklärung im Gespräch als Chance, um ein betroffenes Kind, das sich eventuell schuldig fühlt, wirklich zu entlasten: „Durch nichts, was man sagt oder wünscht, stirbt jemand. Du bist für den Tod von (Name) nicht verantwortlich, in keiner Weise."

Für Kinder ist typisch, dass Wut, Verzweiflung, Angst, Sorglosigkeit, Ausgelassenheit und Freude im Tagesverlauf schnell wechseln können. Ihre Reaktionen sind unvorhersehbar und wirken auf andere durchaus widersprüchlich. Für Kinder sind diese Gefühlswechsel jedoch altersangemessen und normal. Sie reagieren und leiden individuell und haben ein Recht auf höchstpersönliche Gefühlsäußerungen.

> Trauer ist eine „lebens-not-wendige" Reaktion auf eine Verlustsituation: Mit der Trauer wird die Not wieder zum Guten gewendet.
>
> (Franz, Margit (2022): „Trauer". In: TPS-Praxismappe für die Kita. Trauer und Abschied nehmen. Stuttgart: Klett Kita.)

„Das war immer schön mit Opa!" Loslösung als Lebensbejahung

Loslösung ist die wichtigste Phase im Trauerprozess, die sowohl den Tod als auch das Weiterleben bejaht. Mit Loslassen ist kein Vergessen gemeint, sondern

- die Akzeptanz der Tatsache des Todes,
- die Offenheit zur liebevollen Erinnerung und
- die Fähigkeit zur realistischen Einschätzung der geliebten Person.

Erinnerung ist ein Schlüssel zur Trauerbewältigung. Sie hilft, das wertzuschätzen, was man Gutes miteinander erlebt hat, und das zu verzeihen, was in der Beziehung nicht gut gelungen ist oder sogar belastend war. Diese beiden Pole der Erinnerung spielen auch bei kleinen Kindern eine Rolle.

Loslösung und Erinnerung eröffnen die Chance, mit einem lebendigen Alltag und neuen Zielen weiterleben zu können. Es gibt keinen Maßstab dafür, wie schnell das in der Trauer möglich sein sollte. Jeder Mensch braucht dazu seine eigene Zeit. Auch jedes Kind hat das Recht auf seine persönliche Verarbeitungszeit.

Praxisbeispiel

Immer, wenn Frieda (4 Jahre alt) auf ihre schönen großen Augen angesprochen wird, antwortet sie: „Mein Opa hat deswegen zu mir immer Knopfauge gesagt!" Der Opa ist gestorben, aber die Erinnerung an sein spezielles Kosewort bleibt in ihrem Gedächtnis und wird so zu einer bleibenden positiven Erinnerung.

Feinfühlige Erinnerungsarbeit mit Kindern

Die folgenden Beispiele können je nach individueller Verlustsituation variiert werden. Die Besonderheiten, die die verstorbene Person ausmachten, werden so gewürdigt. Durch die Phase der Loslösung sind Menschen dann in der Lage, über positive wie negative Erinnerungen zu sprechen. Sie werden frei, neue Pläne zu machen, sich vom Verlustgedanken langsam zu lösen, wieder zu lachen und zu genießen und den Blick wieder deutlich in die Zukunft zu richten. In dieser Trauerbewältigungsphase braucht das Kind offene Gespräche mit wohlmeinenden Bezugspersonen, die sich an ihrer neuen Perspektive freuen.

Praxisanregungen

Kindern hilft es, in der Trauerphase aktiv zu sein, etwas zu gestalten, die Erinnerung in einen lebendigen Alltag zu integrieren. Was kann man gemeinsam tun? Diese Beispiele geben Ideen dazu:

- Das Lieblingsessen von Oma und Opa kochen (z.B. die leckere Linsensuppe mit Spätzle).
- Den Spaziergang machen, auf der Strecke, die der Opa immer so gerne mochte und dabei von ihm erzählen („Machen wir beide wieder den Opa-Spaziergang?").
- Einen Ausflug wiederholen, den man immer so gerne mit der verstorbenen Tante machte (z.B. zum Freilichtmuseum, dem Botanischen Garten, dem Glasmuseum).
- Die Marmelade von Oma jahreszeitlich nachkochen.
- Die Äpfel immer schälen und schneiden, so wie die Mama das machte (als „Zauberapfel").
- Den Hund von Opa übernehmen oder für die alleinstehende Oma oft ausführen.
- Das Hobby des Verstorbenen übernehmen (z.B. das Briefmarken- oder Postkartensammeln).
- Gemeinsam ein Fotobuch erstellen und mit dem Kind mit Erinnerungstexten versehen.

„Und dann mussten wir ganz schnell laufen!" Traumatische Kriegserfahrungen bei Kindern

Kita-Kinder aus Kriegsgebieten mit Fluchterfahrungen brauchen nach den Erlebnissen in den Kriegstagen und auf der Flucht selbstverständlich einen ganz besonders sensiblen Umgang. Hierauf sind wir in den deutschen Kitas noch nicht lange beziehungsweise gründlich genug vorbereitet. Wir tasten uns an eine gute Unterstützung nach bestem Wissen und Gewissen heran.

Hier sind zum Beispiel wichtig:

1. ungestörtes Zuhören, mit ausreichend Zeit dafür
2. ungestörte Aufmerksamkeit
3. beruhigende Versicherungen, dass sie hier nun sicher sind
4. Verständnis für ihre traurigen oder aufgeregten Gefühle
5. Verstehen ihrer veränderten Reaktionen auf Geräusche, Gerüche etc.
6. Verstehen von plötzlichen Gefühlsausbrüchen, unvermutet aggressiven Ausbrüchen oder depressivem Rückzug etc. (Traumatisierungsfolgen)
7. Rücksichtnahme auf ihre sprachliche Verunsicherung
8. Verständnis für ihre Trennungsängste von den Eltern und/oder Geschwistern

Warum sind gerade diese Reaktionsweisen so wichtig? Das wird deutlich, wenn wir uns einige Kinderreaktionen anschauen, die Pädagog:innen im Alltag erlebten.

Praxisbeispiel

Bei den Kindern, die 2015 aus Syrien flüchteten, war ein kleiner Junge, der panisch auf eine Situation im Turnraum der Kita reagierte: An einem Unwettertag bot die pädagogische Fachkraft den Kindern an, sich im Turnraum einmal ordentlich auszutoben, zu trampeln und zu rennen. Der kleine Junge geriet außer sich, schrie und wollte unbedingt den Raum verlassen. Seine Eltern berichteten im Tür-und-Angel-Gespräch von der chaotischen Fluchtsituation, von ebendiesem Rennen und Trampeln. Auf den Jungen wirkte die eigentlich spielerische Situation retraumatisierend – er konnte sie noch nicht von seiner schlimmen Erfahrung trennen.

Eine solche Situation ist nicht unbedingt vorherzusehen. Sie muss mit viel Beruhigung für das Kind aufgefangen werden. Traumatisierte, hoch emotionalisierte Kinder brauchen dann eher kurze Antworten, die sie mit einfachen Worten und ohne Dramatisierung auffangen, zum Beispiel: „Das magst du nicht? Du musst nicht mitmachen. Die anderen Kinder spielen nur."

Trauma hat viele Gesichter

Andere Kinder gerieten beim Zerplatzen eines Luftballons in große Unruhe, weil sich das Geräusch wie ein Knall oder Schuss anhören kann. Ein Mädchen reagierte entsetzt bei der Nutzung von roter Fingerfarbe, die sie wohl an Blut erinnerte. Selbst Gerüche (verbranntes Fleisch/Essen) können eine Rückerinnerung initiieren: zu Bränden nach Bombeneinschlägen.

Eine Kita registriert häufige Hubschrauberüberflüge über ihrem Außengelände, was für traumatisierte Kinder schreckliche Erinnerungen wecken kann.
Ein Junge mochte wochenlang in der Kita seinen Rucksack nicht ablegen. Seine Eltern erklärten, dass sie ihm während der Flucht eingeschärft hatten, seinen Rucksack auf keinen Fall aus der Hand zu legen: Im Rucksack waren seine Papiere, eine Heimat- und Zieladresse und das Lieblingsstofftier. So viel Sinn dies während der Flucht ergab, so wenig war dem Kind zu vermitteln, dass jetzt ein Ablegen in Ordnung war. Er brauchte viel Zeit, dem Gefühl der Sicherheit wieder zu trauen.

Die Beispiele zeigen eindrücklich, wie wenig man sich auf jede einzelne Situation vorbereiten kann. Gut ist jedoch, wenn Kita-Teams sich gemeinsam kundig machen über das Thema der Traumatisierung. Dies gelingt über gute Fachliteratur und Austausch mit speziell dazu ausgebildeten Pädagog:innen und Psycholog:innen.

Im Kontakt mit Eltern

Der Austausch mit den Eltern ist bedeutsam, um die Reaktionen der Kinder besser einschätzen und vielleicht sogar voraussehen zu können. Gemeinsam können Sie über Entlastungen für die Kinder nachdenken, wenn sich Ängste und Verhaltensänderungen zeigen.

Im Austausch mit den Eltern können Sie sich auch über gute Formulierungen zu den Geschehnissen abstimmen und sich gegenseitig Formulierungshinweise geben. Ist dies bei mehrsprachigen, nicht deutschkundigen Eltern nicht möglich, braucht es Möglichkeiten des Dolmetschens (durch Menschen, nicht Internet-Übersetzungen!). Jede Kita sollte dazu über Ressourcen verfügen beziehungsweise Übersetzer:innen organisieren.

Hilfreich ist auch, wenn Pädagog:innen und Eltern sich über folgenden Aspekt einig sind: Kinder müssen vor angsteinflößenden Medieninhalten geschützt werden. Radionachrichten mit Kriegsreportagen, Fernsehsendungen oder Internetseiten, Zeitungen mit Bildern zum Kriegsgeschehen sollten nicht in der Anwesenheit von Kindern konsumiert werden.

Praxisbeispiel

Eine aus einem Kriegsgebiet geflüchtete Mutter erhielt hier in Deutschland die schreckliche Nachricht vom Tod ihres Mannes. Sie brachte es nicht über sich, ihrem Kind gleich davon zu erzählen. Sie ließ es den Jungen erst sehr spät wissen. Da weder Mutter noch Kind ausreichend Deutsch sprachen, war eine Kommunikation über die Geschehnisse, die Gefühle dazu und hilfreiche Bewältigungsstrategien, die für das Kind wichtig gewesen wären, nicht so leicht möglich.

So standen offene Fragen im Raum: Wie jung war das Kind, als es den Vater zuletzt gesehen hatte? Erinnert es den Vater lebhaft? Wie lange ist es von seinem Vater bereits getrennt? Auf welche Art und Weise kann ein Kind in dieser Situation schonend informiert werden?

4

Kinder fragen nach Sterben und Tod –

und sind selbst mit einer lebensbedrohlichen Erkrankung konfrontiert

Niemand möchte erleben, dass ein geliebtes, liebevoll betreutes Kind lebensbedrohlich erkrankt. Eine solche Situation ist traurig, belastend und führt sicherlich zunächst zu Verwirrung, Hilflosigkeit oder auch Entsetzen. Auch Sie als pädagogische Fachkraft leben intensiv mit ihren Kita-Kindern zusammen und bauen ganz besondere Beziehungen auf. Auch für Sie ist ein drohender Verlust durch eine lebensbedrohliche Erkrankung dieser Kinder emotional nicht leicht auszuhalten. Doch wie können Sie ein Kind auch in dieser Situation gut und unterstützend begleiten, wie die Sprachlosigkeit überwinden, Ihre Ohnmacht in wertschätzende Hilfe ummünzen?

4

Kinder fragen nach Sterben und Tod – und sind selbst mit einer lebensbedrohlichen Erkrankung konfrontiert

Unterstützung bei größter Betroffenheit

Mit großer Wahrscheinlichkeit besuchen lebensbedrohlich erkrankte Kinder bald oder irgendwann nicht mehr die Kita, weil sie Behandlungen, Operationen und Therapien durchleben müssen und gegebenenfalls in Krankenhäusern behandelt und zu Hause gepflegt werden. Trotzdem haben Sie vielleicht das Bedürfnis, den Kontakt zur Familie zu halten, sie zu trösten oder zu unterstützen. In manchen Fällen besuchen Geschwisterkinder weiter die Kita und Sie haben auf diesem Wege weiterhin Kontakt zu den Eltern. Wie können Sie dies dann gut leisten?

Selbstreflexion

1. Haben Sie selbst schon einmal Kontakt mit einem schwerkranken Kind gehabt?
2. Wie haben Sie diese Situation erlebt?
3. Was haben Sie an Berichten über schwerkranke Kinder gehört?
4. Was hat Sie dabei besonders berührt?

Sich vertrauenswürdig anbieten

Kinder haben ein sehr gutes Gespür dafür, welche Gesprächspartner:innen ihnen gut tun. Sie suchen sich manchmal vertraute, manchmal auch eher nicht so nahestehende Personen aus, um etwas zu fragen oder ihre Gefühle zu äußern. Gesprächspartner:innen können selbstverständlich die eigenen Eltern oder auch andere Personen sein. Manchmal tun sie sich leichter, mit einer nicht so nahen Person zu sprechen. Kinder suchen sich in der Regel authentische Gesprächspartner:innen, die aus ihrer Sicht vertrauenswürdig und belastbar sind. Die Verunsicherung der eigenen Eltern spüren sie deutlich.

Praxisbeispiel

Benedikt – mit vier Jahren an Leukämie erkrankt und elfjährig gestorben – sagte zu seiner Mutter in seinen letzten Lebenstagen: „Mama, wir müssen nun meinen Koffer packen, ich muss bald gehen." Die Mutter sträubte sich zunächst gegen diese Bitte: „Ich möchte aber deinen Koffer noch nicht packen, mein Schatz", wusste sie doch, was das Kind ihr mit diesen symbolischen Worten sagen wollte. „Mama, das ist doch gar nicht schlimm, mach dir keine Sorgen", tröstete Benedikt seine Mutter und wirkte auf eine besondere Art gelassen. An die Tröstung ihres Kindes, das nur Tage darauf starb, erinnert sich die Mutter heute noch ganz besonders.

Begleitende Hospizarbeit für Kinder

Menschen in Berufsgruppen, die Kinder in lebensbedrohlichen Lagen unterstützen, können uns Pädagog:innen von ihren Erfahrungen berichten und wertvolle Hinweise geben. Im Folgenden finden Sie zwei Interviews, deren Gedanken und Anregungen Ihnen eine Hilfe sein wollen, wenn Sie irgendwann vor die Aufgabe gestellt sind, betroffene Familien (privat oder beruflich) zu unterstützen.

Interview mit Barbara Ebbing-Lennartz, Mitarbeiterin des ambulanten Kinder- und Jugendhospizdienstes der Region Aachen.

Frau Ebbing-Lennartz, Sie und ihre Mitarbeiter:innen begleiten lebensbedrohlich erkrankte und sterbende Kinder. Sie bieten Familien in dieser besonderen Krisenzeit ihre Unterstützung an. Was brauchen Kinder in der besonderen Situation und was tut ihrer Familie gut?
Wir begleiten die Familien über einen langen Zeitraum, ab der Diagnose einer lebensverkürzenden Erkrankung bis über den Tod hinaus. Kinder und Jugendliche benötigen aus unserer Erfahrung vor allem ein offenes Gesprächsangebot. Sie brauchen einen verlässlichen Rückzugsort. Und sie brauchen das Recht, selbst zu entscheiden, wann sie sich aus dem Rückzug heraus wieder öffnen möchten. Denn auch kleinere Kinder merken meist selbst am besten, wann es ihnen gut tut, wieder aus der Zurückgezogenheit und Stille herauszutreten. Auf jeden Fall sollten wir Begleitende vermeiden, uns immer auf das Sterben zu konzentrieren. Die Kunst der Begleitung besteht darin, die Unterstützung als Lebensbegleitung zu betrachten. Nie ist das Leben im Hier und Jetzt wichtiger. Es sollte der Blick auf das gerichtet werden, was gerade da ist, möglich ist und gelebt werden kann.

Manchmal hört man, dass die Kinder in dieser Situation sehr klar und eindeutig reagieren, oft sogar ihrerseits die Erwachsenen stützen. Ist das auch Ihre Erfahrung?
Ja, Kinder stellen Fragen, weil sie etwas verstehen wollen. Eltern und andere Erwachsene sehen es in der Regel als ihre Aufgabe an, die Kinder zu schützen. Hier treffen also nicht selten zwei Welten aufeinander. Eltern wollen aus ihrem Selbstverständnis heraus ihre Kinder vor Schaden bewahren. Die Situation eines lebensverkürzt erkrankten Kindes widerspricht ihrem Gefühl des Beschützens. Hier ist der Schutz der Kinder durch die Eltern vor der Krankheit und dem Sterben nicht möglich. Das führt häufig zu einer starken Verunsicherung der Eltern und hat Auswirkungen auf die Fähigkeit und Bereitschaft, die kindlichen Fragen zu beantworten.

Wenn Kinder diese Verunsicherung bei den Eltern beziehungsweise engen Bezugspersonen spüren, kommt es vor, dass die Kinder aus Rücksichtnahme ihr eigenes Bedürfnis nach Beantwortung ihrer persönlichen Fragen zurücknehmen. Sie wollen ihre Eltern nicht noch mehr verunsichern. Ihre größte Sorge scheint dann zu sein, die Eltern zu belasten oder gar zu verlieren. Auch die Geschwister lebensverkürzt erkrankter Kinder nehmen sich nicht selten zurück und übernehmen so schon früh Verantwortung in der Familie, um die Eltern nicht zu belasten.

Was sollten Erzieher:innen in Kitas wissen, wenn sie ein Geschwisterkind eines lebensbedrohlich erkrankten Kindes betreuen?
Es ist wichtig, dass Erzieher:innen berücksichtigen, dass die Situation im Zuhause vom Geschwisterkind als Alltag der Familie erlebt wird. Gefragt ist hier situatives Reagieren auf Situationen in der Kita. Wenn das Kind traurig ist, dann ist es traurig. Wenn es Spaß hat, dann hat es Spaß. Darauf gehen die Pädagog:innen am besten ein. Erlauben Sie den Geschwistern, Kinder zu sein. Seien Sie einfach aufmerksam und offen, natürlich und herzlich im Umgang mit dem Kind und seiner Familie.

Wissen hilft helfen

Achtsamkeit und Zugewandtheit sind hier also die geeignetsten Begegnungsformen. Eine andere Berufsgruppe begleitet ebenfalls sehr kenntnisreich schwerstkranke Kinder und ihre Familien: Es sind die spezialisierten Pflegedienste, die Eltern helfen, ihre Kinder zu pflegen und zu begleiten.

Berührend und besonders wichtig ist für die Pflegenden in erster Linie der Kontakt zum Kind. Hier werden tagtäglich intensive Erfahrungen gemacht. Ohne Beziehungsaufbau und -pflege geht das nicht. Kinder halten ihre Situation oft für den Normalzustand. Junge Kinder können sich ja sehr lange nicht vergleichen. Nur manchmal signalisieren sie ein Bewusstsein darüber, dass andere Kinder anders sind.

Genauso wie Kita-Pädagog:innen müssen Pflegekräfte die schwierige Balance zwischen Empathie und Sachlichkeit hinbekommen und auch die emotionalen Schwankungen von Kind und Eltern aushalten können. Kindern und Eltern tut ein echtes Mitgefühl gut, kein aufgesetztes Mitleid.

Praxistipp

Finden Sie heraus, welche auf Kinder spezialisierte Beratungs- und Pflegedienste es in Ihrer Gemeinde oder Stadt gibt. Stellen Sie hierhin Kontakt her und bitten Sie um orientierende Informationen, wie die Dienste im Bedarfsfall in Anspruch genommen werden können. Stellen Sie sicher, dass Sie betroffenen Eltern gegebenenfalls verlässliche Informationen geben können.

Interview mit Stefanie Kirsch vom Ambulanten Pflegedienst Kiiki (Kinderintensivpflege Kirsch) in Stolberg.

Frau Kirsch, Sie helfen Familien bei der Pflege ihres schwer, chronisch und manchmal sogar lebensbedrohlich erkrankten Kindes zu Hause. Was stellt Ihrer Erfahrung nach für die Familien die größte Herausforderung dar?
Das Schwierigste ist wohl, die Botschaft über die besondere Situation ihres Kindes klar zu verstehen, keine Information zu verdrängen und mit der Nachricht emotional klarzukommen. Alle in dieser Form betroffenen Eltern erleben extreme Verluste, die ihnen aber erst mit der Zeit bewusst werden. Sie verlieren den Traum einer unbeschwerten und unbelasteten Kindheit ihres Kindes. Sie verlieren Teile ihrer Privatsphäre, weil sich laufend mitbetreuende und zunächst fremde Personen in ihrem Haushalt befinden. Sie müssen Einschränkungen bei ihrer Beteiligung am öffentlichen Leben in Kauf nehmen, weil sie kaum mehr Zeit haben für Hobbys, eigene Vorlieben und Interessen, öffentliches Engagement, also Formen sozialen Lebens. Sie erleben verminderte Kontakte zu Verwandten und Freunden, weil sie weniger Zeit haben. Sie ziehen sich manchmal zurück, weil sie nicht alle Kommentare anderer als hilfreich empfinden. Da bricht ja zunächst das ganze bislang vertraute Leben weg, so wie man es kannte. So gut wie alle Eltern erleben es so, als bliebe nur ein Scherbenhaufen ihres bisherigen Lebens übrig.

Hat das auch langfristige Folgen?
Wegen der nicht enden wollenden extremen Fürsorge für das dauerhaft pflegebedürftige Kind kommt es noch zu weiteren Entwicklungen. Diese überraschen die Eltern oft erst später. Manchmal ist der Job durch hohe Fehlzeiten in Gefahr oder geht verloren. Eventuell steht das noch nicht abbezahlte Haus auf dem Spiel. Und auch manche Ehe oder Partnerschaft gerät in eine große Zerreißprobe, die nicht immer bewältigt werden kann. Das ganze bisherige Familienleben ist in Frage gestellt. Eltern stehen dann auch noch vor der Wahl, ob sie ihr Kind zu Hause versorgen wollen oder in stationäre Betreuung geben, was die allermeisten Eltern aber gar nicht möchten. Das wird dann als eine Gewissensfrage erlebt.

Auch durch häufige Klinikaufenthalte sind Eltern extrem gefordert. Sie sind also in einer permanenten Ausnahmesituation. Pflegedienste versuchen – neben der Versorgung der Kinder –, diese Belastungen auszugleichen.

Was erleichtert Eltern den Umgang mit dem betroffenen Kind und mit der veränderten Familiensituation? Was führt aus der Belastung, zumindest so gut es geht, heraus?
Alle Eltern brauchen Unterstützung, denn alleine ist das gar nicht zu stemmen. Das braucht Offenheit für die nötige Hilfe. Obwohl manchmal die zu erwartende nicht lange Lebensdauer des Kindes im Raum steht, wird die Tatsache verdrängt. Manche Eltern können oder wollen Informationen in dieser Hinsicht nicht nachvollziehen. Manche interpretieren sogar Diagnosen um, damit sie mit der Situation zurechtkommen. Wir vom Pflegedienst versuchen dann, Eltern dort abzuholen, wo sie stehen. Wir schauen, wo sie offen sein können. Wir sind dann so realistisch wie nötig, aber auch so wenig belastend wie möglich. Verdrängung und Abgrenzung der Eltern müssen wir respektieren. Das sollten Pädagog:innen, die in Kontakt mit diesen Eltern kommen, auch so handhaben.

5

Der gute Abschied

Wenn wir loslassen müssen

Lebensbedrohliche Erkrankungen gehen mit etwas Glück gut aus und eine Heilung erfolgt. Kindern, denen dieses Glück nicht geschenkt wird, versterben und so muss man sich mit dem Umgang mit der verstorbenen Person auseinandersetzen. Vielleicht ist es für Sie als Erzieher:in nicht zwingend, sich mit Bestattungsfragen auseinanderzusetzen. Jedoch stellen Kinder – nicht betroffene und unmittelbar betroffene – auch sicherlich dazu Fragen und haben ein Recht auf altersgerechte Antworten.

Der gute Abschied

Die würdevolle Bestattung eines Kindes

Heutzutage gibt es eine Vielzahl an Bestattungsformen, die individuell gewählt werden können: Erd-, Feuer-, See-, Waldbestattungen, Bestattungen in einem Kolumbarium, also in Stelen in einem umgewidmeten Raum. Und doch bleibt jede Bestattung eine Herausforderung, eine Auseinandersetzung zieht viele Fragen nach sich. Insbesondere wenn Kinder bestattet werden müssen, ist es für Familienmitglieder und Mittrauernde bedeutsam, dass der Abschied feinfühlig, angemessen, würdevoll und als guter Auftakt in die Trauerzeit hinein gestaltet wird.

Professioneller Rat tut gut

Bestatter:innen werden von Angehörigen mit Fragen rund um Organisation und mitmenschliche Begleitung bei der Beerdigung von Familienangehörigen aller Altersgruppen angesprochen. Dabei erleben sie selbstverständlich auch regelmäßig, dass Eltern kommen, um die Beerdigung nach dem Verlust ihres Kindes zu besprechen. Doch auch für sie ist es immer wieder eine besondere Situation. Daher vernetzen Bestatter:innen sich, um trauernden Eltern wertschätzend und kompetent zu begegnen. Ihnen ist wichtig, den Familien zu vermitteln: Die Zeit zwischen dem Tod ihres Kindes und der Beerdigung ist eine sehr kostbare Zeit. Wie diese gestaltet werden kann, erzählt Regina Borgmann, Bestatterin aus Aachen, im Interview auf der nächsten Seite.

Entlastende Rituale

Es gibt verschiedene Möglichkeiten, die Eltern helfen, ihr Kind loszulassen. Manchen Eltern tut es gut, einen Abschiedsbrief an ihr Kind zu schreiben. Dieser kann verlesen werden, zum Beispiel auf der Trauerfeier. Damit wird eine tiefe Verbindung ausgedrückt, vielleicht auch ein stilles Einvernehmen mit dem Tod ihres Kindes. Der verschlossene Brief kann – vorgelesen oder nicht vorgelesen – in den Sarg oder ins Grab gelegt werden.

Anderen hilft, für das Kind einen kleinen Koffer oder eine kleine Kiste zu packen, mit Dingen, die im Leben des Kindes wichtig waren – für es selbst oder die Familie. Oder mit Dingen, die vielleicht von Bedeutung geworden wären. Dieser Koffer oder ein kleiner Karton kann auch mitbeerdigt werden. Andere Eltern haben mit Geschwistern und Freunden des Kindes den Sarg innen und außen gestaltet. Es tat ihnen gut, eigenen inneren Impulsen der Sarggestaltung zu folgen. Alle Tätigkeiten müssen aber, so Frau Borgmann, den Gefühlen und Bedürfnissen der Familie entsprechen.

Betroffene Geschwister

Geschwister eines toten Kindes haben bei dessen oft langer Erkrankung eine schwere Zeit miterlebt. Trotzdem sind sie eventuell über den Tod erschrocken. Für betroffene Geschwisterkinder ist es eine oft lebenslang beeindruckende Situation, eine Schwester oder einen Bruder zu verlieren. Daher sollten sie auch bei den Beerdigungsritualen beteiligt werden, wenn sie es möchten. Sie können zum Beispiel das Deckblatt für das Textheft zur Auferstehungsfeier malen, die Trauerkarte mitgestalten, gute Wünsche oder Erinnerungen formulieren und auf der Trauerfeier vortragen oder dort musizieren, wenn sie ein Instrument spielen. Sie können Lieder für die Trauerfeier mit auswählen oder auch einen Brief an das Geschwisterkind schreiben, vorlesen lassen oder selbst vorlesen, wenn sie sich emotional dazu in der Lage sehen.

Interview mit Regina Borgmann, Bestatterin und Leiterin eines Beerdigungsinstituts in Aachen.

Liebe Frau Borgmann, was hilft nach Ihrer Erfahrung betroffenen Eltern, das eigene verstorbene Kind zu beerdigen?

Das Unfassbare der Situation ist im Sinne guter Trauerprozesse besser zu begreifen, wenn Eltern Erfahrungen mit allen Sinnen machen dürfen. Das eigene Kind kann im toten Zustand als sehr fremd erlebt werden. Unser Ziel ist dann, dass die Eltern ihr Kind als verstorbenen Menschen kennenlernen, ja sogar mit ihm vertraut werden können, es also in diesem Zustand nicht ablehnen. Eltern haben alles Recht, den Tod abzulehnen, sie dürfen wütend sein, verzweifelt, verängstigt und verwirrt. Es tut ihnen gut zu verstehen, dass sie ihr Kind auch in diesem besonderen Zustand annehmen dürfen.

Was kann Eltern in dieser Situation konkret helfen?

Wir regen zum Beispiel Tätigkeiten an wie streichelnden Körperkontakt, waschen und eincremen, kämmen und einkleiden des Kindes. Hierbei geben wir den Eltern, die diese Schritte für ihr Kind tun möchten, Hilfestellung. Eltern können ihr Kind zum Andenken fotografieren. So wird ihnen das bislang vertraute Kind in seinem neuen Zustand vertrauter, was in ihre unverlierbaren Erinnerungen eingehen wird. Diese Vorgehensweise, auf die sich die Eltern selbstverständlich nur ganz freimütig einlassen können, verstehen sie dann als Teil des Verabschiedens vom Körper des eigenen Abkömmlings, als Abschied von einem Teil von sich selbst.

Wie kann so ein persönlicher Verabschiedungsprozess aussehen?

Eine Familie musste ein kleines Baby beerdigen, das nicht lebensfähig war und in den letzten Tagen vor der Geburt starb. Sie konnten das Kind noch einmal aus der Klinik mit nach Hause nehmen und die Trauerfeier zu Hause – unterstützt durch einen Klinikseelsorger, der sie schon aus der Klinik kannte – gestalten. Dann trugen sie den Sarg von zu Hause zum nur fußläufig entfernten Friedhof. Dieses Ritual war ebenso würdevoll wie sicherlich auch hilfreich.

Kleine Kindersärge lassen wir gerne – wenn die Familie dies mag – nicht an Seilen, sondern auf einem großen Tuch in das Grab senken. Dieses Tuch kann die ganze Familie vorab gestalten, zum Beispiel mit Fotoaufdrucken, so wie das eine Familie einmal machte. So wird Familiengeschichte und Verbundenheit ganz deutlich.

Individuell Abschied nehmen in der Kita

Die Beerdigung ist ein ganz besonderes Ereignis und sensibles Erlebnis. Viele Familien sind erleichtert, wenn diese Herausforderung überwunden ist, und hoffen, anschließend zur Ruhe zu kommen. Manche Eltern können sich danach aber auch alleine gelassen fühlen. Hier wäre es hilfreich, verständnisvolle Ansprechpartner:innen zu finden. Hat eine entsprechend betroffene Familie nach einem Trauerfall wieder Kontakt zu Ihnen in der Kita, so können Sie sehr gut diese Ansprechperson sein. Sie können persönlich feinfühlig auf die trauernde Familie eingehen und vielleicht auch örtliche Trauergruppen empfehlen.

Eine gute Erfahrung verschaffen

Auch nach der Beerdigung kann man etwas Symbolisches tun. Für abschiedliche Symbole ist es nie zu spät. So erzählt Bestatterin Regine Borgmann noch von einer Familie, die nach den Sommerferien die Klasse ihres Kindes über dessen Tod informieren musste. Es war lange krank gewesen. Die Eltern gingen mit der Klasse ins Beerdigungsinstitut, da die Kinder mehr über die Bestattung wissen wollten. Und anschließend gingen alle gemeinsam zum Friedhof und dann noch … zum Eisessen. So konnten die Schulkamerad:innen Abschied nehmen, aber auch in die freudigen Seiten des Lebens zurückkehren. Abschied nehmen kann also ganz offen und lebensbejahend geschehen.

Von einer Pädagogin hörte Frau Borgmann, wie sie Kindern den Tod erklärt. Sie zeigt ihnen einen weißen Baumwollhandschuh und erklärt: „Wenn man geboren wird, dann ist das so, als wenn die Seele einen Körper bekommt. Die Seele ist eure Hand und der übergestreifte Körper ist dieser Handschuh. Die Seele bekommt ein Körperkleid. Beim Sterben geben wir dann dieses Körperkleid wieder ab und die Seele wird frei."

Hanna schreibt ihrem Opa

Besonders beeindruckend ist, wenn Kinder sich ohne Aufforderung oder Anleitung eigeninitiativ etwas zum Abschied und zur Beerdigung ausdenken. So leitete mir Sylvia Budelmann, Erzieherin in Aßlar, einen Brief ihrer Tochter zu, den diese in den sehr stillen Tagen im Anschluss an den Tod ihres Opas vor der Beerdigung schrieb:

Heute ist es nun soweit
wir haben geweint
du bist weit fohrt
doch in unseren Herzen bist
du nah
wir haben ohne dich ein-
wach ein blödes Gefühl
doch du bist für uns da
du bist so nah

LOVE
(Hanna Budelmann)

Absichtlich habe ich die Schreibfehler belassen. Sie sind nicht von Bedeutung. Hanna weiß, dass ihr Gedicht hier in diesem Buch steht. Sie war sehr damit einverstanden und stolz, dass ich ihr Gedicht mag und berührend und wichtig finde.

Rosenblätter als Erinnerung

Kinder finden ihre eigenen Formen für den Ausdruck ihrer Trauer, ihres Vermissens, wenn sie bemerken, dass sie sich frei äußern dürfen und niemanden damit belasten.

Frieda (4 Jahre alt) möchte die Blütenblätter lieber behalten und nicht auf die Urne werfen. Sie trocknet und sammelt die Blütenblätter und hat noch eine Zeitlang Freude daran. Ihr ist bewusst, woher sie die Blüten hat und sie erinnert sich genau an die Situation des familiären Abschieds.

Deutlich spürbar wird auch hier, dass es für Kinder kein Richtig oder Falsch gibt. Einzig wichtig ist die annehmende und sensible Stimmung und der Respekt vor der individuell als passend empfundenen Reaktion des Kindes.

Ist einmal ein Kita-Kind verstorben, dann können Sie gemeinsam mit den trauernden Freund:innen des Kindes etwas sehr Schönes herstellen – zum Beispiel eine Kerze.

Praxistipp

Material: eine große weiße Kerze, bunte Wachsplatten, Klebeborten aus Wachs, eventuell kleine Schmucksteine, schnittfeste Unterlagen, eventuell Ausstechformen, Prickelnadeln oder stumpfe Kinderbastelmesser

Zunächst stechen die Kinder aus den farbigen Wachsplatten mithilfe der Ausstech- oder Backförmchen (z. B. Herzen, Sterne, Blumen) Motive aus. Die Kinder können sich auch selbst Motive ausdenken und als Pappschablonen vorschneiden. Mit einem scharfen Messer können diese Motive dann rund um die Schablone herum ausgeschnitten werden.

Auch der Name des verstorbenen Kindes kann als Wachsmotiv ausgestanzt und genutzt werden. Anschließend setzen Sie gemeinsam mit den Kindern die Wachsmotive fest auf die Kerze. Die so entstandene Kerze kann entweder in der Kita verbleiben und dort immer wieder einmal angezündet werden, wenn es eine traurige oder eine besinnliche Phase der Erinnerung gibt. Oder sie wird in schönes Seidenpapier gewickelt und den Eltern beziehungsweise der Familie des Kindes als Aufmerksamkeit geschenkt. Dazu eine schöne Karte der Kinder mitzuschicken, die die tröstenden Worte der Kinder enthält, tut der Familie vermutlich sehr gut.

6

Geschichten und Bilder zur Entlastung

Wie Bilderbücher aufklären, helfen und trösten können

Bislang zeigte sich bereits, mit wie vielen kleinen und großen Hilfestellungen Kindern Unterstützung gegeben werden kann, mit der großen Lebensherausforderung *Sterben und Tod* alters- und situationsgerecht umgehen zu lernen. Sie lasen von guten Aktivitäten und hilfreichen Gesprächsimpulsen, die die Kinder und gleichermaßen Sie selbst stärken können. Dass Bilderbücher hierzu ergänzend wertvoll sind, kennen Sie aus Ihrer pädagogischen Arbeit gut. Darum ist es gerade bei unserem Thema wichtig, den Blick auf die positive Wirkkraft von Bilderbüchern und Geschichten zu werfen.

Wie Bilderbücher aufklären, helfen und trösten können

Die Wichtigkeit von Bilderbüchern

Bilderbuchgeschichten wirken positiv auf Kinder, und das hat viele Gründe. Vor allem sind Kinderbücher in der Regel so verfasst, dass sie sich einem geschlossenen Thema widmen. Dem Thema liegt eine Wirkkraft zu Grunde, die das Kind anspricht und es in seiner aktuellen Entwicklungsphase unterstützen und stärken kann. Diese Geschichte verfängt dann beim Kind. Es will sie immer wieder hören, spürt es doch unbewusst, wie sehr die Geschichte seinem Entwicklungsbedarf Antworten gibt, es beruhigt und ermutigt.

Bilderbücher haben in ihrer Reichhaltigkeit einen ganz besonderen Wert in jeder Kindheit, denn sie

1. fördern die visuelle Wahrnehmung,
2. geben Anlässe zur Steigerung der Aufmerksamkeit,
3. erweitern das Alltags- und Weltwissen,
4. regen zur Bewältigung von intellektuellen und emotionalen Anforderungen an,
5. setzen Fantasie frei in der Wahrnehmung von Bildern und in Verbindung mit der Dynamik von Geschichten,
6. bieten Identifikationsmöglichkeiten an durch die den Kindern angebotenen Figuren,
7. erweitern interkulturelle Kompetenzen bei Kindern und Erwachsenen durch den Einsatz interkulturell relevanter Bilderbuchgeschichten,
8. dienen der Erweiterung der Sprachkompetenz (und in mehrsprachigen Projekten der Förderung der Mehrsprachigkeit),
9. sind Auslöser für kindliche Aktionen in körperlicher Bewegung, kreativem Spiel, künstlerischer Gestaltung und sozialem Lernen.

Diese Förderaspekte des Bilderbuchs für die kindliche Entwicklung runden sich ab durch die Stärkung der Kommunikation der Kinder untereinander und mit Erwachsenen und die Steigerung der literalen Kooperationsanlässe, also der gemeinsamen Aktivitäten auf der Basis von Bilderbüchern und Geschichten zwischen Eltern und Pädagog:innen.

Bilderbücher bieten Kindern bewegende Geschichten in kleinen, verdaubaren Text-Portionen an. Sie binden die vorlesende Person an das Kind und umgekehrt. Das Kind bleibt mit der anregenden Geschichte nicht allein. Spannende, aufregende und entwicklungspsychologisch bedeutsame Geschichten werden feinfühlig begleitet. Dadurch wirken sie weniger bedrohlich. Dies ist gerade für das Thema unseres vorliegenden Praxisbuches so wichtig!

6

Der Zugewinn durch gemeinsames Lesen

Bilderbücher ermöglichen, im Gegensatz zu den unaufhaltsam strömenden Bildern des Fernsehens bzw. von Filmen, beim Vorlesen eine selbstbestimmte Gestaltung des Tempos. Beim Vorlesen können Sie die Erzähldichte und den Spannungsbogen eines Lesestoffs berücksichtigen sowie den Gesprächsbedarf des zuhörenden Kindes. Durch Vorlesen und Besprechen geben Sie dem Kind Gelegenheit, verwirrenden oder angstvollen, freudig bewegenden wie auch beglückenden Stimmungen gemeinsam nachzuspüren. Sie lassen Nachfragen zu und nehmen die Eindrucke des Kindes auf. Beachten Sie, ob das Kind einen längerfristigen Beschäftigungsbedarf mit dem Aspekt hat, welcher der Geschichte zu Grunde liegt. Bieten Sie ihm das Umkreisen der Geschichte so lange an, wie das Kind Bedarfe dazu zeigt.

Viele Wörter erobern und Werte klären

Auch die rhetorisch-kommunikativen Fähigkeiten der Kinder werden durch Gespräche über die Geschichte im Dialog geschult. Durch Kommunikation rund um die Bilderbuchgeschichten erhöht sich der kindliche Wortschatz, steigern sich die grammatischen Kenntnisse, baut sich gute Artikulation aus, fördern Sie die phonologische Bewusstheit, erweitern Sie die Ausdruckskraft und Sprechfreude.

Wichtig ist, dass gute Geschichten Kindern Anregungen geben, ethische Werte selbsttätig zu finden und zu verstehen. Sie können ihre kindlichen Haltungen frei mit anderen Kindern vergleichen. Insbesondere auf tolerante, vorurteilsbewusste und friedensstiftende Inhalte überprüfte Medien bergen positive Potenziale. Unkritisch-abwertende und ausgrenzende Inhalte in Bilderbüchern sind dagegen abzulehnen. Bei diesen Urteilsfindungen können Sie Kindern altersgerecht helfen.

Geschichten wirken ganzheitlich

Bücher und ihre Geschichten haben aus noch sehr vielen anderen Gründen ganzheitliche Wirkungen auf Kinder. Sie können unterstützend und gezielt die körperliche, geistige und seelisch-emotionale Entwicklung des Kindes stärken. Die Wirkungen von Gedichten, Märchen, Fabeln, Sagen und Bilderbuchgeschichten auf das Kind sind vielfältig und anhaltend, wie der berühmte Bilderbuchautor James Krüss beschreibt: „Wer für Kinder schreibt, der schreibt für das offenste und neugierigste Publikum der Welt. Aber er schreibt auch – und das ist ein ganz besonderer Reiz – für die Erwachsenen von morgen."

Kinderbücher, deren Geschichten insbesondere innerpsychische oder soziale Themen transportieren, können Kinder umfassend in ihrer Persönlichkeitsentwicklung unterstützen. Um diese Wirkung im erzählenden, vorlesenden und lesenden

Kontakt mit dem Kind entfalten zu können, müssen zwei Vorbedingungen erfüllt sein: Zum einen müssen Sie das Kind und seine derzeitige Entwicklungsphase und aktuellen Entwicklungsbedürfnisse gut kennen. Zum anderen sollten Sie viele Bilderbücher und die in ihnen verfügbaren Themen und offenen oder verborgenen Entwicklungschancen kennen.

Thematischer Reichtum

Die meisten Bilderbücher sind thematisch überschaubar. Das Kind selbst zeigt vor allem durch seine Aufmerksamkeit für bestimmte Geschichten, seine Geduld im Umgang mit einem bestimmten Buch und seine Wünsche nach vielfachem Wiederholen an, dass es mit dem Thema der Geschichte beschäftigt ist. Es kann daraus, meist auf der unbewussten Ebene, Impulse für seine Entwicklung ableiten und Anregungen für seine Gedanken und Gefühle erhalten. Geschichten können es trösten, ihm helfen, Lösungen für Konflikte zu finden, Ermutigung erhalten und Zusammenhänge verstehen lernen. Das Kind kann neues Wissen finden und Einsichten erwerben. Es kann mit Althergebrachtem und Traditionen in Kontakt kommen. Es kann Realistisches erfahren und Impulse durch das Eintauchen in eine magische Welt erhalten. Auch in der Auseinandersetzung mit Sterben und Tod können Bilderbücher eine wertvolle Ergänzung sein.

Eine Liste von Themenaspekten in Bilderbuchgeschichten zeigt die enorme Vielfalt:

1. Steigerung des Ich-Bewusstseins und Selbstbewusstseins
2. Umgang mit der Vielfalt der Gefühle und die emotionale Steuerung
3. Mut und Unerschrockenheit
4. Angstbewältigung
5. Zurechtkommen mit Alleinsein
6. Klein sein und doch stark sein
7. Selbstständig sein, sich loslösen und in das Leben vertrauen
8. Freundschaften gestalten
9. Streiten und sich wieder vertragen
10. Steigerung der Wahrnehmungsfähigkeit und Konzentration
11. Neues Geschwisterchen, Geschwisterliebe und -rivalität
12. Gespiegelte Alltagserfahrungen, um sie bewusst wahrzunehmen
13. Fragen zu Sexualität und geschlechtlicher Identität
14. Vermittlung von Weltwissen
15. Bücher rund um Sachen, ihre Wörter und deren Bedeutung
16. Umgang mit anderen Kulturen und dem Fremden
17. Religiöse und interreligiöse Werte
18. Umgang mit besonderen Lebenszeiten und Lebenssituationen

Bilderbücher und Geschichten vom Sterben und vom Tod

Da sich Bilderbücher in der Regel einem geschlossenen, klar erkennbaren Thema widmen, gibt es auch Bilderbücher, die ausdrücklich das Sterben und den Tod zum Inhalt haben. So wie die menschliche Endlichkeit in die Welt gehört, so gehören Sterben und Tod thematisch auch in die kindliche Welt. Gute Bilderbücher dieser Art haben Kraft: Ihre Bilder setzen Gesprächsimpulse und regen weitere Fragestellungen an. Mit den Buchtexten verbalisieren Sie verborgene oder offene Gedanken und Gefühle und geben Ideen zur Trauerbewältigung. Sie trösten und stärken Ihre Beziehung zu dem Kind.

Gute Bilderbücher zu diesem Thema in der Kita zu bevorraten, ist klug. Sie können auf sie zurückgreifen, wann immer Sie auf die kindliche Neugier zum Thema treffen, und auch, wenn sich für ein Kind eine persönlich aktuelle Situation ergibt.

Was sind gute Bücher zu unserer Thematik?

Häufig sind die Protagonisten (also Hauptfiguren) der Bilderbücher Tiere. Das wirkt immer indirekter und weniger bedrückend. Die Geschichte *kann* dann, *muss* aber vom Kind nicht direkt auf lebendige Menschen bezogen werden. So können diese Geschichten auch für die vermittelnden Pädagog:innen „unverfänglicher" wirken.

Kindgerechte Geschichten über Sterbende

Andere Geschichten thematisieren direkt den Verlust eines geliebten Menschen, der älteren Generation wie der jüngeren. Da Verlust durch Tod in den allermeisten Kinderleben früher oder später einmal tatsächliche Lebenswelt sein kann, sind solche Bilderbücher immer wieder gute Unterstützer für Kinder und Pädagog:innen gleichermaßen.

Literaturtipp

Bilderbücher, in denen ein lebensbedrohlich erkranktes Kind thematisiert wird und im Mittelpunkt steht, sind eher selten vorzufinden. Eine der wenigen Ausnahmen ist *Durch einen Spiegel, in einem dunklen Wort* von Jostein Gaarder (siehe auch Literaturtipps im Anhang):

Ein Engel namens Ariel sitzt plötzlich auf der Fensterbank der sterbenden Cecilie. Es ist Weihnachten und das krebskranke Mädchen liegt alleine in ihrem Zimmer. Unten im Haus wird von der Familie das Fest vorbereitet. Zu Cecilies Erstaunen beginnt der Engel mit ihr zu sprechen. Er unterhält sich mit ihr über die Schöpfung und das Weltall. Sie sprechen darüber, wie die Menschen die Welt wahrnehmen. Ariel fragt Cecilie aus über das Menschenleben. Das interessiert ihn als unsterblichen Engel sehr. Wie ist es wohl, sterblich zu sein? Cecilie ist herausgefordert, über ihr kurzes Leben auf der Welt nachzudenken. Mit ihrer Vorstellungskraft überlegt sie, was wir in einem Spiegel von uns sehen und was uns dahinter verborgen bleibt. Auch wenn für sie nicht alles im Leben verständlich wird, kommt sie dem Lebenssinn und sich selbst dadurch ein großes Stück näher.

Identifikation mit der Geschichte

Grundsätzlich gilt, dass Sie als pädagogische Fachkraft nur diejenigen Medien wirkungsvoll einsetzen können, die Sie gerne mögen und mit denen Sie sich persönlich identifizieren. Gerade Kinder bemerken unmittelbar, wenn wir Pädago-g:innen ein Bilderbuch nur einsetzen, weil es gut geschrieben ist, von der Buchhandlung oder einem Teammitglied empfohlen wurde oder einen Literaturpreis erhalten hat. Erlauben Sie sich, Medien auch nach Ihrem eigenen Gefühl auszuwählen und einzusetzen. Zum Glück gibt es in der deutschen Bilderbuchlandschaft so viele gute Titel (siehe Literaturliste), dass niemand Not haben wird, das zu sich selbst passende Buch zu finden!

Praxistipp

Setzen Sie Bilderbuchgeschichten zum Thema Sterben und Tod nur ein, wenn

1. Sie persönlich das Bilderbuch mögen,
2. die Geschichte zu Ihren persönlichen Gefühlen und Gedanken passt,
3. Sie sich auf die kindlichen Fragen zur Geschichte freuen,
4. Sie neugierig auf die Kinderreaktionen sind und
5. Sie selbst eine gewisse Wirkung bei den Kindern erhoffen, die Sie sich genau mit diesem Buch vorstellen und dadurch ganz offen anstreben können.

Kollegialer Erfahrungsaustausch

Bitten Sie alle Teammitglieder, persönliche Bilderbücher zu dieser Thematik (auch falls vorhanden aus der eigenen Kindheit) mitzubringen. Tragen Sie auch alle Bilderbücher der Kita zusammen. Stellen Sie sich gegenseitig diese Bilderbücher vor. Prüfen Sie gemeinsam die Geschichten nach folgenden Kriterien:

1. Haben Sie genügend Bilderbücher zu diesen Themen?
2. Vermeidet die Geschichte unangemessene Formulierungen über das Sterben und den Tod?
3. Sind die Texte altersgerecht für die Kita einsetzbar und feinfühlig geschrieben?
4. Passen Illustrationen und Texte gut zusammen?
5. Spricht Sie die Gestaltung insgesamt an?
6. Können Sie sich emotional gut in die Geschichte einfühlen?
7. Verfügen Sie über Bilderbücher, die verschiedene Adressat:innen und Perspektiven der Themen Sterben und Tod zeigen?

Entscheiden Sie gemeinsam, ob und welche Bilderbücher eventuell noch angeschafft werden sollen. Überlegen Sie auch, wie Sie diese beiläufig, aber zum Vorteil der Kinder einsetzen können.

Religiöse und interreligiöse Bilderbücher

Bilderbücher zum Themenkreis Sterben und Tod transportieren teilweise religiös verknüpfte Botschaften. Ob eine Einrichtung eher religiöse oder religiös neutrale Bilderbücher einsetzt, also die beiden Aspekte Sterben und Tod eher als philosophische oder alltagsbezogen praktische Literatur anbietet, richtet sich nach der Trägerschaft der Kita, der Konzeption und der Teamdiskussion zum Thema.

Ob Sie religiös denken oder fühlen, entscheidet sich zum Teil abhängig und zum Teil unabhängig vom Thema Tod. Ihre ureigene Haltung zur Religion wird Ihr Verhalten und Ihre Erklärungen im Umgang mit religiöser und interreligiöser Erziehung prägen. Was nicht in Ihnen ist, können Sie gerade bei diesem Thema unter Umständen nicht so gut weitergeben. Doch wissen wir Pädagog:innen stets, was in uns ist?

Selbstreflexion

- Würde ich mich persönlich als einen religiös gläubigen Menschen beschreiben?
- Welche Vorstellungen von Sterben und Tod sind mir in Bezug auf meine Religion vermittelt worden?
- Bedeuten mir diese Vorstellungen auch heute noch etwas?
- Denke ich eher interreligiös, informiere mich also über verschiedene Weltreligionen?
- Kenne ich mich mit Vorstellungen anderer Religionen zu Sterben und Tod aus?
- Bedeutet mir persönlich etwas von diesen Vorstellungen?

Persönliche Authentizität

So wie ich in der Lage bin, mich mit Leben, Sterben, Tod und Religion auseinanderzusetzen, so werde ich es auch den Kindern vermitteln. Bin ich damit, wie ich es zurzeit könnte, nicht zufrieden, muss ich mich zunächst mit mir selbst auseinandersetzen: Nur ein wirklich in sich selbst gefundener Gedanke, ein wirklich in sich selbst empfundenes Gefühl über Gott und Glauben kann ich glaubhaft ausdrücken. Selbst wenn der Gedanke und das Gefühl von Zweifeln geprägt ist, ist es berechtigt, dies kindgerecht auszudrücken, zum Beispiel so: „Ich weiß auch nicht, was nach dem Tod sein wird. Darüber habe ich schon so viel nachgedacht. Ich wünsche mir bestimmte Dinge, wie zum Beispiel, dass ich das Paradies sehe, es warm und schön dort ist und auch, dass ich liebe Menschen, die nicht mehr leben, wiedersehe. Ob das aber so sein wird, das weiß ich nicht. Was meinst du denn dazu?"

Gemeinsam Gottesbilder finden

Kinder erleben den Gottesbegriff zunächst als zu abstrakt. Sie begreifen aber Sinnbilder sehr gut und können durch entsprechende Geschichten angesprochen werden. Dabei ist die Auseinandersetzung mit den Sinnfragen des Lebens ein menschliches Grundbedürfnis.

Alle Religionen beschäftigen sich nicht nur mit dem Auffinden von Möglichkeiten, ein gottgefälliges Leben zu führen, sondern auch damit, Vorstellungen über das zu entwickeln, was ein Gott mit uns nach dem Tod vorhat. Kinder können hiervon erfahren, wenn man ihnen keine angstmachenden Vorstellungen vermittelt und sie mit Gefühlen von Geborgenheit und Vertrauen stärkt. Ihre Zweifel entwickeln sie ohnehin selbst und die persönliche Auseinandersetzung bleibt ihnen in ihrem weiteren Leben nicht erspart. Für oder gegen etwas kann ich mich aber nur entscheiden, wenn ich es kennengelernt habe – und dazu sollten wir Kindern Gelegenheit bieten.

Familiäre Gottesbilder achten

Dabei geht es niemals darum, seitens der von ihrer Familie nichtreligiös geprägten Kinder zu einer Religion hinzuziehen oder religiös geprägte Kinder zu einer nichtreligiösen Haltung. Dies wäre im Sinne der Religionsfreiheit der Familien übergriffig.

Vielmehr ist es in diesem Zusammenhang ein weiteres Mal wichtig, die Wünsche, Hoffnungen, Bedürfnisse und Erwartungen der Eltern in kooperativen Gesprächen abzuholen. Gute Elterngespräche zu deren religiösen und nichtreligiösen Werten und auch zu ihren persönlichen Erklärungen für die Kinder zu den Themen Sterben und Tod sind überaus wichtig. Sie sollten kultursensibel geführt werden.

An zwei Bilderbüchern möchte ich deutlich machen, wie ein Bilderbuch eine religiöse Vorstellung bei Kindern wecken kann, und eine interreligiöse Variante, die eine religionsübergreifende Vorstellung wecken kann.

Literaturtipp

Baumbach, Martina & Körting, Verena (2022): *Nie mehr Wolkengucken mit Opa?* Stuttgart: Gabriel Verlag.

Lilli und Opa lieben es, gemeinsam auf der Schaukel zu sitzen und die Wolken am Himmel zu betrachten. Was man darin nicht alles entdecken kann: Nilpferde, Monster und vieles mehr! Doch Opa wird krank, sterbenskrank und Lilli muss mit seinem Verlust zurechtkommen. Zunächst versteht sie es nicht, weil jemand ihr sagt, der Opa sei „von uns gegangen". Wohin denn? Und wann kommt er endlich wieder zurück? Doch sie wird liebevoll aufgeklärt, dass er nicht mehr zurückkommen kann. „Tot sein" wird ihr immer verständlicher als etwas Endgültiges. Oma, Mama und Papa helfen Lilli so gut sie können. Sie ermutigen Lilli, alle Gefühle zuzulassen, ihre Trauer in verschiedenen Reaktionen auszudrücken und darüber zu sprechen, so oft sie will. Tröstlich findet sie auch die Gedanken des Priesters, der die Familie besucht und religiös betreut. Auf feine, unaufdringliche Weise bietet er Lilli eine tröstliche Idee an. Opa braucht keinen Plan, um den Himmel zu finden: „Jeder hat seinen eigenen Weg dorthin und Gott führt einen zum Himmel." Und wieder fröhlich sein und das eigene Leben erwartungsvoll leben zu können, wird als Perspektive abrundend im Text angeboten.
Klug, sachlich sehr korrekt und sensibel obendrein bietet die Geschichte jungen Kindern alle Aspekte des zu erwartenden Trauerprozesses an. Generell vorbereitend, ohne Betroffenheit. Akut begleitend, wenn ein Verlust persönlich zu verarbeiten ist. Das ist der fachlichen Beratung von Roland Kachler zu verdanken.

Literaturtipp

Enders, Brigitte & Schulze, Marc-Alexander (⁶2019): *Wo gehst du hin, Opa?*
Ein Bilderbuch über das letzte Geheimnis. Basel: Aracari Verlag.

Das Bilderbuch zeigt zunächst den Gang von Emmi und ihrer Mutter zu einem letzten Besuch des Opas in Krankenhaus. Kurz vor dem Eintreffen dort formuliert die Mama: „Opa ist sehr, sehr krank. Vielleicht geht er von uns." Emmi versteht zunächst die Dimension dieses Satzes nicht und fragt ihren geliebten Opa kindlich-freimütig: „Opa? Wo willst du denn hingehen?" Er antwortet: „Es ist ein Geheimnis und ein großes Abenteuer." Und dann blättert der todkranke Opa all seine Vorstellungen über das Leben nach dem Tod auf – was in kindgerechten Bildern undramatisch angeboten wird: vom Tunnel mit dem großen Licht, vom Wiedersehen mit lieben bereits Verstorbenen, vom Paradies, vom Wandern ins Weltall bei den Sternen, vom unsichtbaren, aber verlässlichen Leben als Schutzengel, von einer Wiederkehr als Baum oder vom Aufgehen im schmerzlosen Nichts. Emmi findet diese Gedanken tröstlich, auch wenn sie ihren Opa eigentlich nicht fortgehen lassen möchte. Opas Trost: „Aber ich verspreche dir, immer wenn du an mich denkst, bin ich dir ganz nah." Emmi erhält so die Vorstellungen der Atheisten und die der Weltreligionen als gedankliches Angebot. Sie kann sich eigenständig aussuchen, welche Fantasie ihr hilft, Opas Sterben und Tod (diese Wörter kommen im Bilderbuch nicht vor, sollten aber auf jeden Fall benannt werden) zu verkraften.

Philosophisch neutrale Geschichten zum Thema

Das Thema Sterben und Tod erscheint in Bilderbüchern selbstverständlich auch ohne Bezug zur Religiosität. Dann bewegen sich die Geschichten eher im Bereich des zu vermittelnden Weltwissens. Trotzdem sind sie nicht neutral, sondern feinfühlig geschrieben. Sie bieten Kindern einfühlsam schöne, nicht ängstigende Vorstellungen an, um sich mit dem bedeutenden letzten Lebensverlauf und den Vorstellungen eines Weiterlebens nach dem Tod zu beschäftigen.

Wie gut das gelingen kann, zeigt ein Bilderbuch, das seine Geschichte sogar in mehreren Sprachen anbietet, was wiederum interkulturell bedeutsam ist. Der Einsatz der nachfolgend beschriebenen Geschichte in verschiedenen Sprachen ist wertvoll und weist, wenn Sie sie in der Kita in zweisprachigen Erzählprojekten einsetzen, auf Ihre eigene Kultursensibilität und die Ihres Kita-Teams hin.

Literaturtipp

Knister & Thalet, Eva (2011): … *das verspreche ich dir.* Bargteheide: Verlag minedition.

Murmeltier Bruno wacht aus seinem Winterschlaf auf und beginnt, die Welt zu entdecken. Großes Herzklopfen löst die Entdeckung der wunderschönen Löwenzahnblume aus, die sogleich ebenso ihr Herz an das kleine Murmeltier verliert. Beide vertrauen einander, wie gute Freunde dies tun. Von jeder Veränderung der Angebeteten ist Bruno entzückt, auch als die Blume sich in ihr weißes Zauberkleid hinein verwandelt. Sie fragt jedoch ernst: „Vertraust du mir?", was Bruno nur verwundert bejahen kann, aus vollem Herzen. Er soll kräftig pusten und tut es, ohne dass er ahnt, was nun geschehen wird. Traurig erkennt er, seine Blume zerstört zu haben und tröstet sich an ihrer Botschaft: „Glaube mir, alles wird gut! Das verspreche ich dir!" Bruno schläft in seinem Winterquartier traurig ein und erwacht im nächsten Frühjahr. „Und was sah Bruno, als er nach seinem langen Winterschlaf aufwachte?" Eine in leuchtendem Gelb erscheinende Blumenwiese mit der herbeigesehnten Blume! Das Bilderbuch ist ebenso bemerkenswert und wirkt auf Kinder sicherlich ermutigend.

Die Eltern ins Boot holen

Wissen teilen und gemeinsam handeln

Wie zu allen anderen Themen der kindlichen Entwicklung ist der Austausch mit den wichtigsten Bezugspersonen der Kinder zum Thema *Sterben und Tod* bedeutsam. Es gilt, wechselseitige Transparenz von Haltungen, Wünschen und Möglichkeiten herzustellen. Wie aber können wir Pädagog:innen dies umsetzen?

Wir bieten Eltern Kooperation in Einzelkontakten an, in thematischer Gruppenarbeit, in Eltern-Kind-Aktionen und in Projekten. Gemeinsame Gestaltung der Kita-Entwicklung in Gremien der Elternarbeit rundet die Kooperation ab. Theoretisch könnten wir nun alle Kontaktformen auf ihr Potenzial hin abklopfen, ob sie sich für die Erörterung und Begleitung zum Thema *Sterben und Tod* anbieten. Vermutlich liegt in jeder Kontaktform die Chance dafür – situativ und anlassbezogen. Ich greife hier die Möglichkeiten der sensiblen Gesprächsführung in Einzelkontakten und beispielhafte Möglichkeiten für einen Elternabend heraus.

Wissen mit Eltern teilen und gemeinsam handeln

Wirkungsvolle Gesprächsführung

Bei jedem Anlass von Gespräch erweist es sich als besonders wirkungsvoll, wenn wir gut zuhören können und damit unser Gegenüber inhaltlich und emotional gut verstehen. Außerdem sind Gespräche effektiv, wenn wir unsere Sicht der Dinge, unsere Haltungen, Ziele und Ideen gut erklären können. So sind beide Richtungen der Verständigung gesichert: Das Verstehen und das Verstandenwerden. Gut zuhören können wir über das sogenannte *aktive Zuhören*. Uns gut verständlich machen können wir über das Senden von *Ich-Botschaften*.

Aktiv zuhören

Aktiv zuhören heißt:

- sich Jemandem offen und gesprächsbereit zuzuwenden, der eine Sorge, ein Problem, eine Schwierigkeit hat
- meine ungeteilte Aufmerksamkeit zu zeigen und zu signalisieren, dass ich mich um gutes Verstehen bemühe
- mitteilen, dass mir die Person wichtig ist und ich ihr die Verbesserung ihrer Situation wünsche
- die Person spüren lassen, dass ich ihr die Kompetenz zur persönlichen Problemlösung zutraue

Wie machen Sie das?

Sie geben in Ihrer Reaktion auf das Gesagte die sachlichen Inhalte des Gehörten sinngemäß mit eigenen Worten wieder. Gleichzeitig teilen Sie spiegelnd die gefühlsmäßigen Informationen mit, die Sie wahrgenommen haben. Sie halten Blickkontakt und konzentrieren sich auf ihr Gegenüber. Sie beachten die Mimik, Gestik und Körpersprache.

Sie selbst nehmen eine zugewandte Körperhaltung ein, lassen der sprechenden Person Zeit und Raum, sich zu erklären, zu entlasten. Gegebenenfalls signalisieren Sie auch nonverbal Aufmerksamkeit, zum Beispiel durch Nicken.

Durch das aktive Zuhören

- wird die Beziehung herzlicher,
- steigt die Anteilnahme am Leben des Gegenübers,
- wächst das Vertrauen,
- entlastet das Aussprechenkönnen ohne Beurteilung oder ungefragte Ratschläge,
- entsteht keine Furcht vor negativen Folgen,
- wächst die eigene Problemlösekompetenz.

Praxisbeispiel

Frau Wang erzählt Gruppenleiterin Alba: „Ich ertrage die Abende nicht, seit mein Mann tot ist. Wenn die Kinder im Bett sind, erschlägt mich die Einsamkeit." Frau Wang fühlt sich verlassen, angespannt, aus ihrer Gewohnheit gerissen, traurig und ratlos. Alba spiegelt ihr: „Es ist eine große Umstellung für Sie, jetzt ohne Partner zu leben und die Stille am Abend zu ertragen."

Gute Selbsterklärung

Mit *Ich-Botschaften* zeigen Sie sich anderen so, dass diese Sie gut verstehen können. Sie sind als das positive Gegenstück zu den nachteiligen *Du-Botschaften* bekannt, die das Gesprächsgegenüber eher anklagen, interpretieren, analysieren und herausfordern. Ich-Botschaften gibt es in vier gut voneinander unterscheidbaren Formen, die in unterschiedlichen Situationen zum Einsatz kommen: deklarierende, reagierende, vorbeugende und konfrontierende Ich-Botschaften.

Deklarierende Ich-Botschaften

… sind die grundlegendsten und risikofreiesten *Ich-Botschaften*
… offenbaren anderen Ihre Überzeugungen, Vorstellungen, Vorlieben, Abneigungen, Gefühle, Interessen und Absichten
… enthalten Aussagen, wie es in Ihnen aussieht, wie Sie die Dinge durch Ihre persönliche *Brille* sehen, was Ihnen wichtig ist

Beispielformulierungen

- Ich erlebe Kinder als neugierig und lege Wert darauf, ihnen altersgerecht gut zu antworten.
- Ich scheue mich nicht, mit Kindern über Sterben und Tod zu sprechen.
- Mich berühren die Bilder von Katastrophen und Kriegen so sehr, dass ich manchmal tagelang keine Nachrichten anschaue.
- Ich denke, jede:r Pädagog:in sollte wissen, was kindliche Traumatisierung bedeutet.

Reagierende Ich-Botschaften

… enthalten zwei Teile: die deklarierende *Ich-Botschaft* (wie oben) und die Mitteilung darüber, welche Folge die Erwartung oder Bitte für Sie hätte
… folgen auf eine Aufforderung, Erwartung oder Bitte Ihres Gegenübers
… bieten Ihnen die Möglichkeit, mit einer *Ich-Botschaft* deutlich „ja" oder „nein" zu sagen
… sind eindeutig, ehrlich und bewirken häufig Einsicht und Verständnis
… vermitteln Achtung und Zutrauen in die Beteiligten, mit Ihrer Botschaft zurechtzukommen

Beispielformulierungen

- Ja, ich komme gerne zu Ihnen zu Besuch, wenn Hendrik mir seine Papa-Erinnerungskiste zeigen möchte.
- Ja, ich verstehe, dass Sie es manchmal mit Ihrem schwerkranken Geschwisterkind von Laura nicht schaffen, pünktlich zu sein.
- Nein, ich kann aus Überzeugung nicht mittragen, dass wir Ihr Kind über den Tod des Vaters im Unklaren lassen. Ich denke, wir sollten gemeinsam eine gute, ehrliche Lösung suchen.

Vorbeugende Ich-Botschaften

... helfen Ihnen, Ihre Wünsche und Bedürfnisse nicht aus den Augen zu verlieren, und mindern so die Gefahr von Bedürfnisaufschiebung, Frustration und Enttäuschung
... kündigen an, dass Sie Hilfe oder Rücksichtnahme anderer benötigen
... sind angemessen, wenn Sie eine Situation voraussehen, die problematisch werden könnte
... sind meist erfolgreich, wenn ich sicherstellen will, nicht egoistisch und unangemessen zu wirken

Beispielformulierungen

- Ich weiß, dass unser Gruppenhase bald sterben wird. Am besten denken wir im Team schon einmal darüber nach, was es für die Kinder bedeutet und wie wir auf ihre Fragen und ihre Trauer reagieren können.
- Ich möchte die Thematik *Sterben und Tod* so mit euch besprechen, dass wir zum Schluss einen Text für unsere Konzeption erarbeiten können, mit dem wir unsere pädagogische Vorgehensweise mit diesem besonderen Thema erklären.

Konfrontierende Ich-Botschaften

... bestehen aus der Darstellung des persönlichen Gefühls und reagieren auf einschränkendes, verhinderndes, frustrierendes oder verletzendes Verhalten des Gegenübers
... vermitteln unsere ehrliche Befindlichkeit hierzu
... zeigen uns echt und öffnen den Gefühls- und Gedankenstau
... erklären unsere inneren Zusammenhänge mit Ursache, Situation und Wirkung
... belegen, welches nichtakzeptable Verhalten welche Gefühle und Gedanken in uns auslösen
... machen unser Klärungsbedürfnis und die Hoffnung auf Änderung einer für uns nicht befriedigenden Situation deutlich
... zeigen den anderen als Auslöser für die Situation, beschuldigen ihn jedoch nicht

Beispielformulierungen

- Wenn Sie von mir verlangen, mit den Kindern niemals über *Sterben und Tod* zu sprechen, dann bleiben die Kinder ohne altersgerechtes Wissen dazu und mit ihren Fantasien und Gefühlen alleine. Ich glaube, dass das eher Nachteile hat und wir die Kinder nicht wirklich schonen. Außerdem steht Ihre Bitte im Gegensatz zu unserer Konzeption, in der wir erklären, warum das Thema für Kinder natürlich und wichtig ist. Haben Sie unsere Erklärungen dazu bereits kennengelernt?
- Es ist Ihr gutes Recht, Ihre eigene religiöse Vorstellung über ein Leben nach dem Tod in Ihrer Familie zu haben. Eine Kita und auch ich selbst können nicht erfüllen, Ihre Glaubensüberzeugung an alle Kinder zu vermitteln. Bitte haben Sie dafür Verständnis, dass da jede Familie etwas anderes möchte.
- Ihr Kind leidet sehr unter den Fluchterfahrungen und ihm würde eine therapeutische Begleitung guttun. Wir können das nicht alleine leisten und eine anderweitige Hilfe würde uns und Sie sehr unterstützen.

Praxisanregung für einen thematischen Elternabend

Laden Sie die Eltern zu einem pädagogisch-thematischen Abend mit dem Thema „So begleiten wir Kinder gut bei ihren Fragen zum Thema Sterben und Tod" ein. Verwenden Sie bei Ihrer Einladung Begründungen zur Bedeutung des Themas für Kinder, auch bereits im frühen Kindesalter. Für den Elternabend haben sich drei Methoden bewährt, die im Folgenden vorgestellt werden.

Methode: Kugellager

Die Teilnehmenden teilen sich in zwei gleich große Gruppen. Eine Gruppe bildet einen Innenkreis, der nach außen sieht. Die andere Gruppe positioniert sich dem Innenkreis gegenüber, sodass sich immer zwei Personen gegenüberstehen. So soll wechselseitiger Blickkontakt möglich sein. Das geht im Stehen, ist aber auch gut im Sitzen möglich!

Nun stellen Sie als Spielanleitung eine Frage, die von den Paaren besprochen wird. Dafür haben die Teilnehmenden immer 3 bis 4 Minuten Zeit. Danach wandert der Außenkreis eine Person weiter nach links, sodass neue Paarungen entstehen, und Sie stellen die nächste Frage. So geht es immer weiter, bis alle Fragen besprochen wurden. Die Fragen lauten:

1. Wer sind Sie und welches Kind Ihrer Familie besucht zurzeit diese Kita?
2. Was hat Sie motiviert, heute Abend das Angebot zu diesem besonderen Thema zu besuchen?
3. Hat Ihr Kind Sie bereits einmal auf die Thematik *Sterben und Tod* angesprochen, ohne dass es einen konkreten Todesfall gab?
4. Hat Ihr Kind bereits einen Todesfall in der Familie miterlebt und eine Trauerphase bewältigen müssen?
5. Welche Fragen beschäftigen Sie im Zusammenhang mit dem Thema zurzeit ganz besonders?
6. Welche Hilfestellungen erwarten Sie von diesem Abend?

Bitten Sie die Teilnehmenden nun, wieder in den Stuhlkreis zu kommen und fragen Sie zunächst, wie die Übung erlebt wurde. In der Regel wird die Methode als angenehm empfunden, weil nicht in der großen Runde gesprochen werden muss und man direkt ein Gesprächsthema hat, in das man gut persönlich einsteigen kann. Die Eltern lernen sich so auch automatisch besser kennen.

Danach werden die inhaltlichen Aspekte der Gespräche erfragt:

1. Was haben Sie in den Gesprächen erfahren, was Sie verwundert oder berührt hat?
2. Was war für Sie in den Gesprächen, die Sie führten, besonders wichtig?
3. Worüber konnten Sie leicht, worüber schwer sprechen?
4. Welche Frage beschäftigt Sie im Zusammenhang mit dem Thema zurzeit ganz besonders?
5. Welche Hilfestellungen erwarten Sie von diesem Abend?

Die offenen Fragen und Klärungswünsche besprechen Sie dann mit der ganzen Gruppe. Es ist empfehlenswert, den Abend zu zweit zu moderieren und Impulse zu geben. Auch die Eltern können sich mit ihrem Wissen und ihren Erfahrungen einbringen. Wichtig ist es, insgesamt eine Atmosphäre der Toleranz und der Wertschätzung zu schaffen. Es gibt nicht die eine richtige Lösung, alle persönlichen Haltungen werden respektiert. Es dürfen auch Fragen offen bleiben. Falls möglich, wird die Klärung der Fragen im Nachgang zugesagt. Falls dies nicht möglich ist, verbleiben sie offen.

Methode: Wolkenwanderung

Die Wolke-Methode zielt auch darauf ab, alle Teilnehmenden eines Elternabends miteinander zum Thema ins Gespräch zu bringen, und ermöglicht Ihnen, offene Fragen der Eltern zu erkennen und zu beantworten.

Vorbereitung
Bereiten Sie fünf DIN-A1-Plakatbögen aus festem Karton vor, die Sie jeweils in Wolkenform ausschneiden. Die Form hat keine besondere Bedeutung. Wolken sind nur ansprechender als kühle Rechtecke.

Mit dickem grünem Filzstift schreiben Sie jeweils eine der folgenden Fragen in die Mitte einer Wolke:

1. Hat Sie Ihr Kind bereits einmal etwas zum Thema *Sterben und Tod* gefragt?
2. Was weiß Ihr Kind Ihrer Meinung nach bereits zu diesem Thema?
3. Gab es in Ihrer Familie bereits Todesfälle, die Ihr Kind bewusst erlebte?
4. Was ist Ihnen persönlich als Kind zum Sterben und zum Tod erklärt worden?
5. Was denken und empfinden Sie persönlich dazu, wie die Kita mit dem Thema umgehen sollte?

Nun legen Sie die fünf vorbereiteten Wolken in großen Abständen auf dem Boden oder auf Tischen aus. Sie können auch mit Kreppklebeband an den Wänden oder mit Pin-Nadeln auf Stellwänden befestigt werden. Für jedes Wolkenplakat werden zusätzlich je ein dicker blauer und ein dicker roter Filzstift bevorratet.

Durchführung
Die Elterngruppe teilt sich nach ihren sprachlichen Möglichkeiten in fünf Kleingruppen auf. Die Kleingruppen wandern nun (begleitet von einem Teammitglied oder Elternteil, das diese Übung mit vorbereitet hat) von Plakat zu Plakat.

Die Gruppe diskutiert ihre persönlichen Auffassungen zu der Aussage und notiert ihre Haltungen mit dem blauen Stift auf das Plakat. Fragen und praktische Anregungen werden mit dem roten Stift notiert. Jede Gruppe kann in der Sprache oder den Sprachen diskutieren und notieren, die ihr am sichersten zur Verfügung steht. Es muss nur gesichert sein, dass eine Person der Gruppe die Ergebnisse auch in deutscher Sprache verschriftlichen und ins Plenum einbringen kann.

Jede Gruppe wechselt mit ihrer Gesprächsbegleitung alle 10 bis 15 Minuten von Wolke zu Wolke. Nachdem alle Teilnehmenden zu allen Wolken vorgerückt sind, bietet sich eine 15-minütige Pause an. Währenddessen werden die Wolkenplakate gut sichtbar aufgehängt. Sie können nun von allen Interessierten angeschaut werden.

Abschluss
Dann erfolgt der Austausch über die Notizen auf den Plakaten. Nicht jede Nennung wird einzeln vorgelesen und besprochen. Vielmehr wird Gelegenheit geschaffen, besonders wichtige Gesprächsanteile zu erläutern. Vor allem die in roter Farbe notierten Fragen erhalten Raum zur Beantwortung. Die Gesprächsleitung fasst die wichtigsten Einlassungen zusammen und zeigt an einigen Beispielen aus der gelebten Praxis exemplarisch auf, wie die Kita mit dem Thema umgeht.

Methode: Kettenreaktion

Bitten Sie zum Abschluss eines Elternabends unbedingt um eine Rückmeldung zum Verlauf. Nur so wissen Sie, in welcher Stimmung und mit welchen Erfahrungen die Teilnehmenden den Abend verlassen.

Bei dieser Feedback-Übung sitzen die Teilnehmenden in einem Stuhlkreis zusammen. Jede Person bekommt ein Blanko-Kärtchen und einen Stift. Das Kärtchen wird mit einem Wort beschriftet, das stellvertretend steht für etwas, was den Teilnehmenden wichtig war:

- *Was hat mich an diesem Abend besonders berührt, beeindruckt oder nachdenklich gemacht?*
- *Was wird mir ganz besonders in Erinnerung bleiben?*
- *Was erscheint mir für meinen Alltag als sehr wichtig?*

Die Teilnehmenden stellen ihre Begriffe vor und legen dann das Kärtchen in der Kreismitte ab. Bei dieser Feedback-Runde werden die Äußerungen nicht mehr inhaltlich diskutiert. Nachfragen dürfen gestellt werden, wenn alle ihr Kärtchen vorgestellt haben. Jeder sollte sich während der gesamten Übung um das Vertiefen des jeweiligen Wortverständnisses bemühen. Nachfragen sollte die gesprächsleitende Person erst nach der kompletten Runde zulassen. Die Moderatorin/der Moderator sollte die letzte freie Karte nehmen und sie mit einem eigenen Feedback beschriften. Sie sollte zum Abschluss ein inhaltliches Fazit ziehen und eine dankende Verabschiedung formulieren.

Einladung zum Elternabend – Beispiel

Liebe Eltern, liebe Mütter, liebe Väter,

heute laden wir Sie sehr herzlich ein, sich mit uns gemeinsam Zeit für ein besonderes Thema zu nehmen. Wir Pädagog:innen werden von den Kindern häufig kluge Dinge gefragt. Das kennen Sie sicherlich auch aus Ihrem Familienleben. So fragen die Kinder auch neugierig, was sie zu ganz besonderen Themen interessiert. Zu den besonderen Themen gehört alles rund um das Sterben und den Tod. Hierzu auf die Kinderfragen gut und altersgerecht zu antworten, ist nicht einfach. Hierüber möchten wir mit Ihnen gemeinsam ins Gespräch zu kommen.

Wir freuen uns, wenn Sie uns am _____ um _____ Uhr zu einem Elternabend besuchen und in den Austausch mit uns gehen. Sie brauchen hierzu kein besonderes Vorwissen, nur Interesse an der Thematik.

Mit freundlichen Grüßen
Kita-Leitung und Team

8

Thematische Absicherungen in der Kita

Qualitative Standards sichern Verlässlichkeit

Alle Kita-Arbeit fußt auf verbindlichen Erklärungen und Vereinbarungen, wie die elementarpädagogische Bildungsarbeit verstanden und umgesetzt wird. Daher sind konzeptionelle Festlegungen so wichtig – für die umsetzenden Pädagog:innen wie für die inanspruchnehmenden Eltern und kooperierenden Vernetzungspartner:innen.

In den letzten Jahren sind die qualitativen Ansprüche an Kita-Konzeptionen gestiegen, auch deshalb, weil die Herausforderung „Kindheit" eine andere geworden ist: Unsere Welt ist kompliziert, herausfordernd und thematisch vielfältig. Kinder auf ein selbstständiges und glückliches Leben in dieser Welt vorzubereiten, ist eine anspruchsvolle Aufgabe, der die Kitas nachkommen.

Thematische Absicherungen in der Kita

Die Bedeutung des Teams

Insbesondere bei ungewöhnlichen oder sensiblen Sach- und Wertethemen helfen kollegiale Beschäftigungen sowie der Austausch in Teams. Generell sprechen wir von *ressourcenorientiertem* Arbeiten in Teams. Das bedeutet: Wir finden in der Gruppe heraus, wer von uns über ein besonderes Wissen, über spezielle Fähigkeiten oder über spezifische Interessen verfügt. Diese nutzen die Teammitglieder wechselseitig, sobald die individuellen Kompetenzen einzelner Fachkräfte erkannt wurden. So profitieren alle von allen.

Frühzeitige Achtsamkeit

Sprechen Sie die Thematik des Todes und des Sterbens in Ihrem Team an, vor allem, wenn Sie es als noch nicht ausreichend berücksichtigt oder besprochen empfinden. Legen Sie Ihre Position dar und fragen Sie Ihre Fachkolleg:innen nach ihrem Wissen, ihren Erfahrungen, ihren Sicherheiten und Unsicherheiten sowie ihren Wünschen.

Sie können so auch herausfinden, *wer* in Ihrem Team *welche* Kompetenzen über das Thema Sterben und Tod – generell und insbesondere im Umgang mit Kindern – hat. Außerdem stellt sich durch offene Teamgespräche heraus, welche:r Ihrer Kolleg:innen ein besonderes Interesse daran hat. Und auch, wie es um das Bewusstsein steht, den Themenaspekt in die Konzeption einzufügen oder gegebenenfalls zu aktualisieren, wenn das Thema bereits vorkommt. Die Selbstreflexionen und Teamgespräche helfen Ihnen dabei, sich auf die Sicht der Kinder und ihre Bedarfe einzulassen und eine solide und klare Grundlage zu errichten.

Dynamische Konzeptüberprüfung

Regen Sie an, auch die eigene Konzeption auf diesen Aspekt hin zu prüfen und Beschlüsse zu fassen, die Sie und Ihr Team sicherer machen. Es sollte selbstverständlich sein, dass die Vorgehensweise des Kita-Teams rund um das Thema Sterben und Tod (sowohl in Bezug auf Kinder als auch auf Eltern und Kolleg:innen) ausgearbeitet und niedergeschrieben ist. Das sollte durch die Leitungskräfte initiiert und regelmäßig aktualisiert werden.

Praxistipp

Treffen Sie sich mit Ihren Kolleg:innen in einer ruhigen und vertraulichen Runde. Auf einer Zeitschiene listet nun jede:r die eigenen Verlust- und Trauererlebnisse auf. Die Liste muss nicht vollständig sein, sollte aber die bedeutsamsten Verluste, die man erzählen *möchte*, beinhalten. Sich gegenseitig zu eröffnen, welche Trauer im Leben bereits erlitten und eventuell auch bewältigt wurde – und *wie* – hilft, leichter über die anstehende Thematik reden zu lernen. Vielleicht wurde nicht ein gestorbener Mensch betrauert, sondern „nur" das verlorene Stofftier. Oder es gibt ein Erlebnis von Ausgeschlossensein nach dem Tod des Opas, was immer noch schmerzlich nachwirkt. Alles ist bedeutsam und darf vertrauensvoll geäußert werden. Dies ebnet den Weg zu offenen Gesprächen mit den Kindern.

Die konzeptionelle Verankerung

Eine Konzeption ist die professionelle Selbstdarstellung der institutionellen fachlichen Arbeit mit der Nennung von Zielen, Aktivitäten und Methoden. Sie ist ein umfangreicher pädagogischer Text, der allen Mitarbeitenden, Adressaten und Interessierten deutlich macht, was pädagogisch und bildungsrelevant zielgerichtet getan wird.

Sterben und Tod in die Bildungsarbeit einbinden

Da die Themen des Lebens und Sterbens unmittelbar zu jedem Leben, auch in der Kindheit, gehören, muss selbstverständlich dargelegt werden, wie eine Kita den Auftrag erfüllt, mit den Kindern hierzu wertschätzend zusammenzukommen. In vielen Konzeptionen fehlen hierzu Aussagen. So können sich Familien oft nicht über den Umgang der Pädagog:innen mit diesem Themenbereich informieren.

Daher sind folgende Fragen zu stellen und zu beantworten: Liegt es daran, dass Teams sich noch nicht ausreichend damit auseinandergesetzt haben? Und: Regen Träger von Kitas hierzu nicht ausreichend an?

Ein Kapitelpunkt *Mit Kindern über Sterben und Tod sprechen* sollte in jede Konzeption eingefügt werden. Falls erforderlich geht dem eine professionelle Beschäftigung im Team zum Thema voraus, eventuell unterstützt durch eine teaminterne Fortbildung dazu.

Das Team befragt sich

Die Vorgehensweise zur Konzeptentwicklung kann folgendermaßen aussehen: Sensibilisieren Sie Ihr Team für die Beschäftigung mit dem entsprechenden Kapitelpunkt und tauschen Sie sich über Kenntnisse und Erfahrungen aus. Entwickeln Sie dann gemeinsam Texte, die Sie zunächst spontan niederschreiben. Die folgenden Fragen dienen als Orientierung. Sie können auch in Kleingruppen mit verteilten Rollen und verschiedenen Aufgabestellungen bearbeitet werden. Die Ergebnisse werden dann Stück für Stück zusammengetragen und es entwickelt sich schlussendlich ein von allen Teammitgliedern bejahter, schlüssiger und guter Konzeptionstext. Diese Art der Texterarbeitung führt zu einer Professionalisierung und bringt das gesamte Team auf einen vergleichbaren Wissens- und Kompetenzstand.

Selbstreflexion

Lassen Sie sich von den Punkten leiten:

1. Warum ist uns das Thema für unsere Kinder wichtig?
2. Mit welchen Zielen begleiten wir Kinder rund um die Thematik?
3. Welche Aktivitäten bieten wir Kindern zum Thema *Sterben und Tod* an?
4. Welche Methoden setzen wir dazu ein?
5. Welche Medien unterstützen uns bei der Themenbearbeitung?
6. Wie machen wir unseren Umgang mit der Thematik den Eltern transparent?
7. Welche Kooperation sind wir zur Bearbeitung der Thematik mit den Kindern eingegangen?

Praxistipp

Kitas, die sich explizit auf den *Situationsorientierten Ansatz* beziehen, könnten die Haltung vertreten, dass diese Positionierung ausreiche. Hiernach gehe man ja auf jedes Kind in jeder Situation ein – so auch auf Fragen zu Sterben und Tod –, wenn die Pädagog:innen damit konfrontiert würden. Prüfen Sie durch gemeinsame Erörterung im Team, ob Sie diese Auffassung teilen: Reicht ein solcher Hinweis? Ersetzt er nach Ihrer Meinung die Notwendigkeit, ausdrücklich einen Text über den Umgang der Einrichtung zum Thema „Mit Kindern sprechen über Sterben und Tod" zu schreiben?

Konzeptioneller Beispieltext

Verbindlich und überprüfbar wird festgelegt, mit welchen Zielen, mit welchen Aktivitäten und mit welchen Methoden man handelt. Diese Beschreibung stellt die einrichtungsinterne Konzeption dar, die vom Träger und allen Mitarbeiter:innen bejaht wird und zur Umsetzung ansteht.

Ein konzeptioneller Text zum Umgang mit dem Thema *Sterben und Tod* mit Kindern kann man separat schreiben oder beispielsweise in die Konzeptionskapitel *Religionspädagogik und interreligiöse Bildung*, *Mit Kindern philosophieren* oder *Kindliches Weltwissen erweitern* eingliedern.

Ein bereits in Teilen bestehender Konzeptionstext kann auf der Basis der aufgelisteten Fragen überprüft und gegebenenfalls ergänzt werden. Es folgt dann die Bekanntgabe des neuen Teils der Konzeption an Familien und Träger, auf der Basis der Bereitschaft, hierzu Fragen zu beantworten. Dieser Prozess ist wiederum von großem Vorteil für die Kompetenzerweiterung in Teams zu diesem besonderen Thema.

Offensichtlich wird zwar zum Thema durchaus pädagogisch agiert und es fehlt lediglich eine konzeptionelle Niederschrift. Vielleicht kann dieses Beispiel dazu beitragen, zu einer Verschriftlichung in der Kita beizutragen.

Sterben und Tod in der Konzeption – ein Beispiel

Mit Kindern über Sterben und Tod sprechen
Kindern altersgerecht Orientierung geben, damit sie ihr Leben gut meistern können, zieht nach sich, alle lebenswichtigen Themen zuzulassen und kindgerecht zu bearbeiten. Im Folgenden legen wir die Haltungen zum Thema und die Vorgehensweisen in unserer Kita dar.

Ziele
Kinder haben ein Recht auf Beantwortung ihrer Fragen, so auch auf ihre Fragen zum Themenkomplex *Sterben und Tod*. Unser Team respektiert die kindliche Neugier zum Tod von Pflanzen, Tieren und Menschen, also allen Lebewesen. Wir scheuen uns nicht, mit ihnen allgemein über das Thema zu sprechen und auch dann, wenn sie oder ihre Familien durch Krankheit und Tod, von Leid und Trauer betroffen sind. Unsere Kita-Kinder beteiligen wir altersgerecht am Weltwissen über den Tod. Dabei nehmen wir sie mit ihren Vorstellungen, Empfindungen, klugen Überlegungen und Antwortbedürfnissen ernst. So hoffen wir, sie kindgerecht stark zu machen, um mit dem Bewusstsein über die Endlichkeit zurechtzukommen. Uns ist es wichtig, mit den Familien der Kinder zu diesem besonderen Themenbereich in Kontakt zu treten und miteinander abzustimmen, wie in Familie und Kita feinfühlig und zielorientiert umgegangen werden kann.

Aktivitäten und Methoden
1. Der Themenkreis *Sterben und Tod* verlangt vor allem dialogischen Kontakt, also Gespräche, die wir sensibel und altersgerecht mit den Kindern führen. Wir gehen auf spontane Gesprächsimpulse der Kinder ein. Aktive Gesprächsangebote von Seiten der pädagogischen Fachkräfte runden die offenen Gespräche ab, wenn zur Naturpädagogik, zur Sorge um Erkrankte oder Sterbende oder zu Trauerprozessen der Kinder Impulse sinnvoll zu geben sind.
2. Wir hören den Kindern bei ihrem Freispiel gut zu, falls sie Situativen rund um *Sterben und Tod* einbauen (weil sie es innerpsychisch, wie es für fantasievolles Spielen typisch ist, brauchen).
3. Unsere Kita bevorratet gute Bilderbücher zum Thema, die offen ausliegen und bei Fragen der Kinder genutzt werden können. Diese setzen wir auch aus fachlichen Gründen von uns aus ein, wenn wir einen akuten Bedarf dazu in der Situation einzelner Kinder oder auch der ganzen Kindergruppe sehen.
4. Wir besuchen mit den älteren Kindern einen Friedhof, stellen uns ihren Fragebedürfnissen und nehmen ihre eigenen Erfahrungen mit Beerdigungen und Friedhöfen zum Anlass für Gespräche.
5. Wir erklären religiöse Feiertage, in denen es auch um den Tod geht, wie z. B. Ostern oder den Totensonntag und Allerheiligen.
6. Wichtig ist uns, den Kindern so eventuell vorhandene Unsicherheiten und Ängste frühzeitig zu nehmen.
7. Den Eltern der Kinder erläutern wir unsere Vorgehensweisen, nehmen ihre Fragen und Erfahrungen ebenso ernst und werben um Zustimmung für unsere pädagogische Vorgehensweise.

Entlastung durch Vernetzung

Für viele Aspekte der Kompetenzerweiterung bei Kindern stehen uns gute Kooperationen zur Verfügung. Wenn wir uns vernetzen, steigern wir Wissen und Erfahrungen aller Beteiligter. Zur Thematik dieses Praxisbuches sind Vernetzungen sinnvoll mit:

1. Kinderärzt:innen
2. Erziehungsberatungsstellen
3. Sozialpädiatrischen Zentren
4. Kinderpflegediensten
5. Kinderhospizen
6. Lebens- und Glaubensberatungsstellen
7. Telefonseelsorgen
8. Trauerberatungsstellen
9. Bestatter:innen

Vernetzung entlastet, orientiert und stärkt: positive Faktoren, die wir zu keiner pädagogisch bedeutsamen Thematik auslassen sollten!

Vernetzung setzt

1. Zeit,
2. Offenheit und Geduld,
3. anhaltende Bereitschaft zur Zusammenarbeit,
4. Kompetenz zum verbindlichen Brückenbauen,
5. Verständnis für verschiedene Sichtweisen und unterschiedliche Handlungsweisen,
6. Kreativität für variable Lösungssuche
7. und ein gutes Maß an Kooperationsbereitschaft

voraus.

Da für Vernetzung kein einziges Thema ausgeschlossen bleibt, sind alle auch in Bezug auf die Thematik dieses Fachbuches anzuwenden.

Anhang – Literaturtipps

- Empfehlenswerte Literatur für Pädagog:innen und Eltern
- Weitere Literaturtipps für Erwachsene
- Empfehlenswerte Bilderbücher
- Empfehlenswerte Filme

L

Literaturtipps

Empfehlenswerte Literatur für Pädagog:innen und Eltern

Was können Sie als pädagogische Fachkraft lesen, um sich persönlich für das Thema Sterben und Tod zu sensibilisieren und mehr Sicherheit und Zutrauen zur Umsetzung der Thematik in der Kita zu erlangen? Es gibt sehr gute Literatur, die durch feine Texte ein sensibles Mitschwingen im Themenfeld ermöglichen. Nachfolgend bringe ich Ihnen meine Favoriten näher, an denen ich selbst wachsen konnte:

Piumini, Roberto & Buchholz, Quint (2011): Matti und der Großvater. München: Hanser.
Wunderbar liest sich der Roman für Kinder, der ab dem 10. Lebensjahr zum Selberlesen geeignet ist. Er startet mit der Widmung „Für alle, die mit Kindern reden" und lässt uns an Mattis Rückblick auf die wunderbare Zeit mit seinem Großvater teilhaben. Matti steht mit seinen Verwandten am Bett des sterbenden Opas. Nur er hört, wie er noch einmal mit ihm spricht. Er durchlebt mit ihm die besonderen Ausflüge, auf denen sie miteinander tiefgreifend philosophieren konnten. Am Ende bemerkt Matti, dass er seinen Opa auf eine ganz besondere Art überhaupt nicht verlieren kann, auch wenn er tot sein wird. Die fotorealistischen, transparent-magischen Bilder von Quint Buchholz machen das Lesen der Geschichte zu einem besonderen Erlebnis.

Gaarder, Jostein (2001): Durch einen Spiegel, in einem dunklen Wort. München: dtv.
Mit diesem Roman können wir uns in die Gefühls- und Gedankenwelt eines todkranken und sterbenden Kindes hineinversetzen. Cecilie ist sterbenskrank und liegt in ihrem Zimmer zu Hause, als sie überraschenden Besuch bekommt. Ein kleiner Engel taucht auf, den nur sie sehen kann, wenn sie im Zimmer alleine ist. Mit ihm kann sie über alles sprechen: ihre Lebenserlebnisse, ihre Krankheit und ihre fantasievollen Vorstellungen über die Welt nach dem Tod. Ihre liebevolle Einbindung in ihre Familie taucht am Rande der Geschichte auf, ohne dominant zu sein. Ihre kindlich-philosophischen Gedanken und ihr Austausch mit dem Wesen aus einer anderen Welt sind anregend und tröstend zugleich.

Schroeter-Rupieper, Mechthild (2012): Für immer anders. Das Hausbuch für Familien in Zeiten der Trauer und des Abschieds. Ostfildern: Patmos.
Das Familienbuch klärt aus der Praxis der Autorin als Trauerbegleiterin über die Themen Tod und Trauer in Familien auf, berichtet von der Kraft der gemeinsamen Rituale auf dem Weg zu einer angemessenen Trauerbewältigung, jenseits aller einsam machenden Sprachlosigkeit. Wegen sehr hilfreicher Darlegungen ist es ebenso ein Basisbuch für pädagogische Fachkräfte.

Wermke, Michael (2018) (Hrsg.): Warum religiöse Bildung? Kultur- und religionssensible Praxis in Kindertagesstätten und Schulen. Weimar: verlag das netz.
Diese fachliche Handreichung weist eindrücklich nach, dass in einer gewissen Form alle Kinder aller Familien ein Recht auf religiöse Bildung haben. So sollen nach Auffassung der Autor*innen im Sinne des Weltwissens Zugänge zu den wichtigsten Religionen der Welt vermittelt werden, als Basis für eine freie Wahl, ein religiöses oder auch nichtreligiöses Leben zu leben. Nur Information lässt die Religionsfreiheit in ihrem tiefen Sinne entstehen. Um den Trost des Gottesbildes sollten Kinder nach Herausgebermeinung jedoch wissen. Das Buch bietet zahlreiche Anregungen für die kindgerechte und alltagspraktische Übermittlung der religiösen Bildung an.

Weitere Literaturtipps für Erwachsene

Brocher, Tobias (1985): *Wenn Kinder trauern*. Hamburg: Rororo.

Canacakis, Jorgos (1990): *Ich begleite dich durch deine Trauer*. Stuttgart: Verlag Kreuz.

Canacakis, Jorgos (^{8}1993): *Ich sehe deine Tränen. Trauern, Klagen, Leben können*. Stuttgart: Verlag Kreuz.

Erkert, Andrea & Hemming, Antje & Schlösser, Elke & Wieber, Monika (2016): *Willkommen in unserer Kita. Spiele und Methoden für die gelungene Integration*. Münster: Ökotopia.

Gaarder, Jostein (2017): *Ein treuer Freund*. München: Hanser.

Gandhi, Arun (^{2}2018): *Wut ist ein Geschenk. Das Vermächtnis meines Großvaters Mahatma Gandhi*. Köln: Dumont.

Grollman, Earl A. (1991): *Mit Kindern über den Tod sprechen. Ein Ratgeber für Eltern*. Konstanz: Konstanzer Taschenbücher.

Hinderer, Petra & Kroth, Martina (2005): *Kinder bei Tod und Trauer begleiten. Konkrete Hilfestellungen in Trauersituationen für Kindergarten, Grundschule und zu Hause*. Münster: Ökotopia.

Kast, Verena (2010): *Was wirklich zählt ist das gelebte Leben. Die Kraft des Lebensrückblicks*. Stuttgart: Verlag Kreuz.

Keleman, Stanley (^{8}2012): *Lebe dein Sterben. Reflexionen über Abschied und Neubeginn*. Hamburg: Verlag iskopress.

Kowolik, Bernadette (2020): *Muss ich auch sterben? Mit Kita-Kindern über Tod und Trauer reden. Hilfen für den Akutfall und Praxisideen für den Alltag*. Mülheim: Verlag an der Ruhr.

Lothrop, Hanna (^{16}2011): *Gute Hoffnung – jähes Ende. Fehlgeburt, Totgeburt und Verluste in der frühen Lebenszeit. Begleitung und neue Hoffnung für Eltern*. München: Kösel Verlag.

Piaskowy, Lara & Piaskowy, Nina (2021): *Sternenhimmel. Wie Etti und Pünktchen fast Geschwister wurden*. Lünen: Mindfulbooks.

Piper, Hans-Christoph (1980): *Gespräche mit Sterbenden*. Göttingen: Vanderhoek & Ruprecht.

Pongritz, Daniela (^{2}2020): *Ohne Worte. Eine berührende Bildergeschichte für Sternenkind-Geschwister*. Book on Demand.

Rosof, Barbara (1998): *Wenn ein Kind stirbt. Wie Familien mit Tod und Trauer umgehen*. München: Goldmann.

Schlenzig, Benjamin (2018): „Religiöse und weltliche Bestattungskulturen". In: Wermke, Michael (Hrsg.): *Warum religiöse Bildung? Kultur- und religionssensible Praxis in Kindertagesstätten und Schulen*. Weimar: verlag das netz. Seite 63-66.

Schlösser, Elke (^{2}2016): *Aphorismen. Heilende Worte in einem Satz*. Aachen: Bernardus-Verlag.

Schlösser, Elke (2018): „Kindliche Ängste. Teil 1". Rubrik: Netzwerk. In: *kinderleicht?! 06/18*.

Schlösser, Elke (2019): „Kindliche Ängste. Teil 2". Rubrik: Netzwerk. In: *kinderleicht?! 01/19*.

Schlösser, Elke (2019): „Selbstregulierende Bewältigungsformen der kindlichen Angst. Teil 3". Rubrik: Netzwerk. In: *kinderleicht?! 02/19*.

Schlösser, Elke (2021): *Werte verbinden Religionen. Impulse zur interreligiösen Bildung in der Kita*. Freiburg: Herder.

Schuchardt, Erika (^{12}2006): *Warum gerade ich ...? Leben lernen in Krisen*. Göttingen: Vandenhoeck & Ruprecht.

Schuster-Brink, Carola (2019): *Kinderfragen kennen kein Tabu*. Ravensburg: Ravensburger.

Yalom, Irvin (^{15}2010): *In die Sonne schauen. Wie man die Angst vor dem Tod überwindet*. München: btb Verlag.

Empfehlenswerte Bilderbücher

Baumbach, Martina & Körting, Verena (2022): *Nie mehr Wolkengucken mit Opa?* Stuttgart: Gabriel Verlag.

Chalatbarie, Farideh & Chosrawani, Scharareh (2024): Busfahrt ins Ungewisse. Berlin: Verlag Edition Orient. (deutsch/persisch).

Damm, Antje (2012): *Frag mich*. Frankfurt a. M.: Moritz Verlag.

Damm, Antje (^{10}2014): *Ist 7 viel?* Frankfurt a. M.: Moritz Verlag.

Enders, Brigitte & Schulze, Marc-Alexander (^{6}2019): *Wo gehst du hin, Opa? Ein Bilderbuch über das letzte Geheimnis*. Basel: Aracari Verlag.

Gaarder, Jostein (1999): *Hallo, ist da jemand?* München/Wien: Hanser.

Knister & Thalet, Eva (2011): *… das verspreche ich dir.* Bargteheide: Verlag minedition.

Lüftner, Kai & Gehrmann, Katja (2018): *Für immer*. Weinheim: Beltz & Gelberg.

Oberthür, Rainer (^{4}2005): *Neles Buch der großen Fragen. Eine Entdeckungsreise zu den Geheimnissen des Lebens*. München: Kösel-Verlag.

Rahn, Silke & Markmann, Danijela (2019): *Timo findet Trost*. Dillenburg: Christliche Verlagsgesellschaft.

Sanna, Francesca (2019): *Ich und meine Angst*. Zürich: Nord-Süd Verlag.

Schlösser, Elke (2004): *Wie weit weg ist Pfefferland*? Münster: Ökotopia. (Medienpaket: Bilderbuch, 48-seitige Broschüre mit Anleitung zur Durchführung antirassistischer, zweisprachiger Erzählprojekte, Übersetzungen in Arabisch, Türkisch, Russisch und Französisch, 14 Dias und einer Mini-CD mit dem Pfefferland-Lied).

Teckentrup, Britta (2013): *Der Baum der Erinnerung*. München: arsEdition.

White, Sarah & Evans, Lisa (2011): *Sparkys Geschichte*. (https://mammamia-online.de/wp-content/uploads/2022/02/DE-KEY-00084_PAT-Broschuere-Sparky.pdf, letzter Zugriff am 29.01.2024).

Empfehlenswerte Filme

Kirschblüten – Hanami (2008). Ein mehrfach ausgezeichneter Film von Doris Dörrie (über einen todkranken Mann, der in das Sehnsuchtsland seiner verstorbenen Frau fliegt und dort in die Kultur eintaucht).

NOKAN – Die Kunst des Ausklangs (2008). Ein Film von Yōjirō Takita (über japanische Sterbe-, Trauer- und Bestattungskultur). Oskar-Gewinner für den besten fremdsprachigen Film im Jahre 2009.

Zur Autorin

Elke Schlösser

Elke Schlösser, Diplom-Sozialarbeiterin, war tätig in der öffentlichen Jugendhilfe eines Jugendamtes (Allgemeiner Sozialer Dienst/Pflegekinderdienst und Adoptionsvermittlung), der Telefonseelsorge, dem Fachbereich *Familienbildung* einer Volkshochschule und für die Deutsche Krebshilfe in einem Krankenhaus.

Bei einer *Regionalen Arbeitsstelle zur Förderung von Kindern und Jugendlichen aus Zuwandererfamilien* (RAA) wurde die *Interkulturelle Pädagogik im Elementarbereich und Übergang zur Primarstufe* ihr Fachschwerpunkt.

Heute arbeitet sie als freiberufliche Fortbildungsreferentin. Seit 2001 veröffentlicht sie Fachliteratur zu den Themen frühkindliche Sprachentwicklung, Sprachbildung, Förderung von Deutsch als Erst- und Zusatzsprache in Kitas, frühkindliche Literalität, vorurteilsbewusste, antirassistische und interreligiöse Bildung, kultursensible Kooperation mit Eltern.

Elke Schlösser unterstützt als Coach Kitas bei der Weiterentwicklung ihrer Konzeption.

In dieser Reihe sind bereits erschienen:

Schwierige Elterngespräche in der Kita – und wie sie gelingen
ISBN: 978-3-96046-078-7

Portfolio, Lerngeschichten & Co.
Entwicklungsschritte von Kita-Kindern erkennen, sichtbar machen und dokumentieren
ISBN: 978-3-96046-077-0

Alltagsintegrierte Sprachbildung in der Kita
Die Sprachentwicklung von Kindern wahrnehmen, begeleiten und unterstützen
ISBN: 978-3-96046-081-7

Plötzlich Gruppenleitung
Teamführung und Kinderbetreuung in der Kita erfolgreich meistern
ISBN: 978-3-96046-082-4

Teamentwicklung in der Kita
Wie Sie ein Team bilden, stärken und begleiten
ISBN: 978-3-96046-145-6

Kinder in der Krippe achtsam begleiten
Frühe Förderung und Betreuung von Krippenkindern
ISBN: 978-3-96046-170-8

Kinder mit erhöhtem Förderbedarf
Inklusion, Integration und Förderung gemeinsam in der Kita leben
ISBN: 978-3-96046-183-8

Eingewöhnung in der Peer
Der Start in Krippe und Kita mit dem Tübinger Modell
ISBN: 978-3-96046-224-8

Kinderrechte in der Kita-Praxis
Praxisideen, Projekte und Methoden für mehr Partizipation, Inklusion und Demokratie in der Kita
ISBN: 978-3-96046-242-2

Mit Kita-Kindern forschen
Kindgerechte Experimente und spannendes Hintergrundwissen aus den Naturwissenschaften
ISBN: 978-3-96046-256-9

Klett Kita